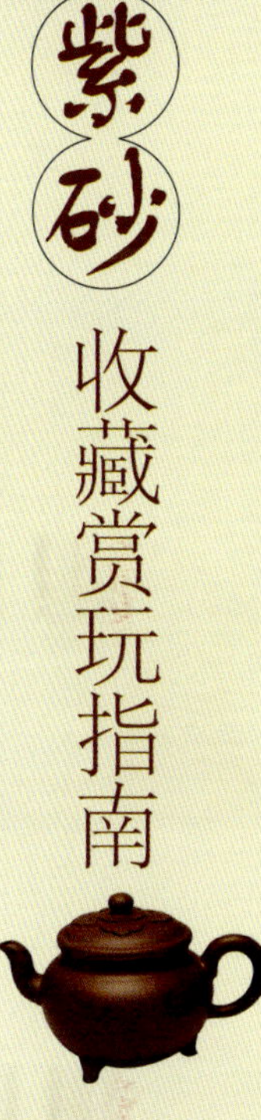

紫砂收藏赏玩指南

邹岚阳 / 编著

新世界出版社
NEW WORLD PRESS

图书在版编目（CIP）数据

紫砂 / 邹岚阳编著 . -- 北京 : 新世界出版社，
2016.6

（收藏赏玩指南系列）

ISBN 978-7-5104-5684-8

Ⅰ . ①紫… Ⅱ . ①邹… Ⅲ . ①紫砂陶－收藏－中国－指南②紫砂陶－鉴赏－中国－指南 Ⅳ . ① G894-62
② K876.34-62

中国版本图书馆 CIP 数据核字 (2016) 第 096912 号

紫　砂

作　　者：邹岚阳
责任编辑：周　帆
责任校对：姜菡筱　宣　慧
责任印制：李一鸣　王丙杰
出版发行：新世界出版社
社　　址：北京西城区百万庄大街 24 号（100037）
发 行 部：（010）6899 5968　（010）6899 8705（传真）
总 编 室：（010）6899 5424　（010）6832 6679（传真）
http://www.nwp.cn
http://www.nwp.com.cn
版 权 部：+8610 6899 6306
版权部电子信箱：nwpcd@sina.com
印　　刷：北京市松源印刷有限公司
经　　销：新华书店
开　　本：710 × 1000　1/16
字　　数：200 千字
印　　张：12
版　　次：2016 年 6 月第 1 版　2021 年 1 月第 2 次印刷
书　　号：ISBN 978-7-5104-5684-8
定　　价：68.00 元

前言

紫砂是一种炻器，是一种介于陶器与瓷器之间的陶瓷制品。紫砂器的泥色有多种，除了主要的朱泥、紫砂泥外，尚有白泥、乌泥、黄泥、松花泥等。紫砂器是极其珍贵的，有“价埒黄金”“人间珠玉安足取，岂如阳羡溪头一丸土”之说。在紫砂器中，最受称颂的是紫砂茶壶，而紫砂茶壶的兴盛与饮茶风尚的盛行有着极为密切的关系。

不管在古代还是现代社会，饮茶在中国都是非常普遍的现象。中华茶文化源远流长、博大精深，不但包含物质文化层面，还包含深厚的精神文明层面。长久以来，紫砂壶被人们推崇为最理想的注茶器，同时，它还是集壶艺、诗词、书法、篆刻等多种艺术于一体的文玩雅具。

紫砂壶历史悠久，距今已有两千多年的历史，历代制壶名家辈出，不断有举世无双的紫砂壶精品传世。紫砂壶如此受人推崇，自有其不凡之处。紫砂壶泡出的茶既不夺茶的香气，又能较长时间地保持茶叶的汤色、汤味。另外，紫砂壶造型古朴别致、气质独特，还具有很高的艺术价值。

现如今，由于宜兴紫砂资源越来越少，而市场需求却不断增加，在利益的驱使下，部分商人只顾追求商业利益，导致市场上出现了许多赝品。他们造假款、假印章，找人代做，制成代工壶，甚至在原料上做假。这一系列的造假手段给消费者带来了很大麻烦，使其往往难辨真假。因此紫砂壶爱好者在收藏、投资紫砂壶之前，有必要了解一下关于紫砂壶的知识。

本书从实际出发，详细介绍了紫砂器的历史与发展，紫砂泥的种类，并重点介绍了紫砂壶的概况、历史、优点、样式、选购、真假鉴定、保养等方面的知识，还精心挑选了现代制壶名家的经典作品，供读者欣赏。本书内容通俗易懂、图片清晰精美，希望通过阅读本书能够帮助读者提高自身的收藏鉴赏能力，快速跻身于紫砂壶的收藏行列。

由于编者水平有限，书中难免会有疏漏之处，敬请广大读者批评指正，以便再版时加以修正。

目录

第三章

第四章

第一章

紫砂器的历史溯源

紫砂器的概况

紫砂器既不是陶器，也不是瓷器，但是紫砂器拥有瓷器的坚硬致密，同时又不失陶器的内敛含蓄。刚涉足紫砂器收藏领域的朋友对紫砂器本身的认识可能仅限于一些图片和影视资料，在没有真正看见过紫砂器的情况下，对于真假紫砂器的分辨是不大清楚的。

半瓢壶

规格：350cc

材质：紫砂泥

① cc 为非法定单位。1cc=1mL=1cm³。为尊重行规习惯（或读者阅读习惯），本书沿用 cc 表示容量。——编者注

扁腹壶

规格：450cc

材质：紫砂泥

紫砂器的制作工艺要求非常之高，制作紫砂器需要的泥料是一种产自江苏宜兴的具有特殊团粒结构而且带有双重气孔的紫砂泥料。在紫砂器的制作过程中，不仅使用的制作工具超过一百种，而且手工的制作工艺还包括打泥片、拍打身筒（圆器）、镶接身筒（方器）或镶接与雕塑结合（花器）、表面修光、陶刻装饰等多个步骤，唯有历经如此多的工序才能最终得到成品。

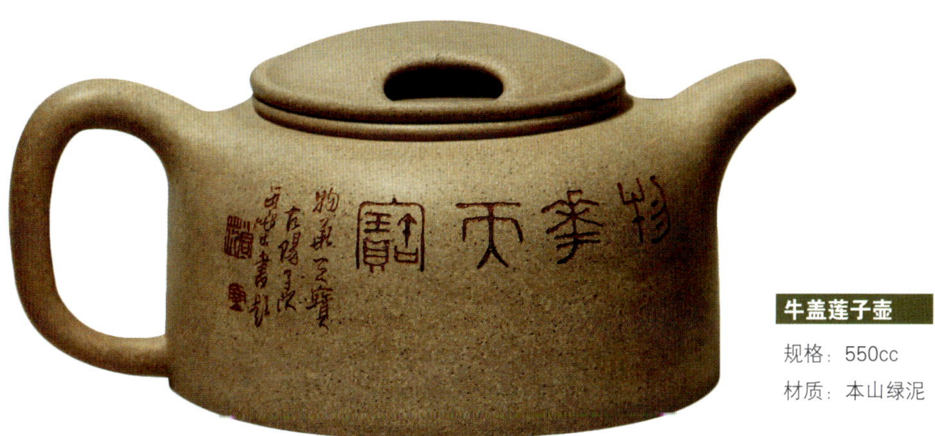

牛盖莲子壶

规格：550cc

材质：本山绿泥

双环壶

规格：500cc

材质：紫砂泥

宜兴紫砂泥的类型非常丰富，在多数情况下，我们可以按照紫砂茶具的颜色进行区分。紫砂茶具都是五彩缤纷的，天然的紫砂泥包括红泥（又称朱砂泥）、紫泥、本山绿泥（呈米黄色）、天青泥（非常少见，出矿的时候呈现为绿色，属于珍稀罕见的类型）和调砂泥。

紫砂器的颜色种类也是多样的。虽然说是“紫砂器”，但是紫砂器不一定只有紫色，紫砂器经历了高温的焙烧，最后出来的颜色往往是各种各样、非常美丽的，比方说有朱砂红、枣红、紫铜、海棠红、铁灰铅、葵黄、墨绿、青兰等。紫砂壶虽然并不挂釉，可是比上釉的效果还要好，因为紫砂壶的色泽非常漂亮，而且丰富多样。一般情况下，朱砂紫、榴皮、豆青、海棠红、闪色都属于自然原色，这类紫砂茶器都是非常质朴浑厚、古典漂亮的。经过烧制完成的紫砂壶在保温性和透气性方面的表现非常出色，属于理想的茶具。

宜兴紫砂泥制作的代表产品是茗壶，详细说来，制作的流派又有光器（包括圆器和方器）、筋纹器和花器等。紫砂器以其纯天然的质地和肌理为美。至于紫砂茗壶的造型，那就更是千姿百态了，有风格朴实的传统造型，也有奇巧的怪异造型，总结一下基本可以分为以下几类：几何型、自然型（花素器）、筋纹器及水平壶等。在紫砂茗壶的发展历程中，其造型也经历了一些演变，每个时期所偏重的主流造型都是不同的，艺术风尚更是具有鲜明的时代特色。

烟斗壶

规格：118cc

材质：紫砂泥

六水铜铃壶

规格：500cc

材质：老紫泥

茶具的起源

早在西周时期，茶就出现在人们的生活中了。当时并没有专门的茶具，茶具和酒具以及食具通用，它们主要是由青铜和陶制成。一直到了秦汉时期，专门的茶具才出现，这一点从马王堆汉墓出土的装茶用的茶箱就能证实。当时的茶具种类已经很丰富了，有贮存茶的箱、罐，还有烹茶所用的鼎、釜、壶、瓶，以及饮茶所用的盂、杯、碗，盛茶的勺等。

紫砂器的历史发展

紫砂器是紫砂制品的一个总称，在平时的生活中，被提及次数最多的肯定是“紫砂壶”。久而久之，人们一提到紫砂器，就会条件反射地想到紫砂壶，其实这种想法是片面的。紫砂器包括多种类型的工艺品，下面的章节中，对紫砂器的主要种类进行了详细的介绍。

宜兴紫砂壶起始于北宋，在明清时期达到繁盛，其辉煌更是持续到了今天，且饮誉海内外。使用紫砂壶饮茶的古代文献记录，最早被发现于宋朝诗人的诗句中：“喜共紫瓯吟且酌，羡君潇洒有余清”（欧阳修《和梅公仪尝茶诗》）、“小石冷泉留早味，紫泥新品泛春华”（梅尧臣《依韵和杜相公谢蔡君谟寄茶》）、“松风竹炉，提壶相呼”（苏东坡《煎茶歌》）。

1976年，宜兴地区的羊角山古窑址曾经发现了许多北宋中期的紫砂器残片，从残片中可以初步判定器形类型主要包括罐和壶两种，其中壶占大多数。壶的形制方面则包括高颈壶、矮颈壶、提梁壶三大类，这些壶的胎体通常为紫红色，里外都不挂釉，在泥质方面比较粗糙，通过造型和工艺手法进行判断后可知，这是现代紫砂壶的雏形。因此紫砂壶起始于北宋的猜想得到了考古证实。

时间推移到元代，这一时期的紫砂壶烧造工艺得到了进一步发展，这一时期的艺术特征是在壶体上篆刻铭文。也是因为这个举动，把紫砂壶从日用陶器中分离开来，和普通的陶器工艺品形成了很大差别，这一时期的紫砂壶开始走上了艺术化的发展道路。

明朝万历年间（1573—1620年），宜兴的紫砂器生产达到了繁盛时期，这期间的作品种类多，呈现出高度繁荣的景象。在这个时期，许多的良师名匠穷其智慧进行艺术创作，创造出了许多不同类型的优秀作品，比如说茗壶、酒器、花盆、香熏、文玩等。那个时期的文人说起饮茶这件事，也从早期解渴提神的日常生活，发展成了一种文化活动。因为喝茶本身讲究的内涵是“趣”，寻求的境界是“两腋习习清风生”，因此饮茶用的紫砂茗壶也就从普通日用品转变成了具有很高艺术价值的工艺品，并从此开启了一个独立的工艺体系。紫砂壶中蕴含着强烈的民族风格和艺术特色，也正因为这样，紫砂壶才逐步进入了中国特种工艺作品的行列。

吴经提梁壶

规格：500cc

材质：青灰泥

六方金杯壶

规格：730cc

材质：紫泥

供春壶

规格：500cc

材质：段泥

明朝供春造紫砂壶

规格：600cc

材质：紫砂泥

明朝时期，紫砂茗壶能够得到迅速发展，这和当时喜欢饮茶的生活习惯有着紧密的联系。在明朝时期，由于饮茶方式从烹煮饼茶发展为冲泡散茶，而且因为冲泡茶使用的茶具茶壶不同于原本的那些烹煮茶具，所以这个时候，紫砂壶能够使茶的色、香、味得到最佳发挥的特性就凸显出来了。紫砂泥本身可塑性强，又非常适合用来制造茶壶，而且在造型方面可以说是随心所欲，因此当时精于茶道的文人对它更加关注，其中一部分文人还参与了紫砂壶的设计制作，这也提升了作品本身的艺术价值。

明代的紫砂壶制作工艺日臻成熟，这一时期更是名家辈出，精品迭现。自供春树瘿壶问世之后，明朝万历年间先后出现的制壶名家包括董翰、赵梁、元畅、时鹏，这四人被称为“四大家”。在这四位大家当中，董翰制的壶以精巧细致为特点，另外三位大师所制的茗壶则比较古朴典雅，不过这个时期流传下来的实物很少。在“四大家”之后，还有一位知名的紫砂大师，名叫李养心，字茂林，同样是万历年间的制壶名家。李大师以制作小圆壶著称，他制作出来的紫砂壶于朴素中常带有令人惊艳的元素，也正因为这样，他制作的壶常被称为“名玩”。李养心对制壶工艺的贡献很大，开创了“壶乃另作瓦缶，囊闭入陶穴”的匣钵装烧法。明朝时期，茗壶制作的集大成者是时鹏之子时大彬，这位大师制作的茗壶淳朴古雅，在风格方面则有“砂粗、质古、肌理匀”的特点，他的作品也是紫砂壶艺成熟的标志之一。时大彬的弟子李仲芳、徐友泉在明代的制壶艺人当中也很有名，当时有“壶家妙手称三大”的说法，这三位大师的名字都载入史册。

半月壶

规格：350cc

材质：紫砂泥

供春树瘿壶

据紫砂壶史记载，供春在明代正德年间只是一名书童，后跟随江苏宜兴金沙寺一名和尚学习制壶技术。供春壶价值极高，有“供春之壶，胜于金玉”的赞语。树瘿壶是供春最出名紫砂壶造型，传世极少。现藏于中国国家博物馆的树瘿壶，部分专家认为是供春手制，是现在能看到的最早的紫砂茶壶实物。

紫砂壶在风格和式样方面也经历了不断发展。明代的紫砂壶多数崇尚古朴，供春制作的各种样式的壶都是如此。明朝万历年间，制壶的名家大量涌现，而且每个人的风格均有不同。具体说来，时大彬的作品非常典雅厚重，其价值可以和璆琳相比；陈仲美在壶身雕刻方面的成就很大，雕刻精巧、细致入微；李仲芳的壶胎体制作得非常精巧，同时刀功秀丽。

明末清初，壶艺装饰的风格更是倾向于精雕细琢，这个时期杰出的艺术家以陈鸿远为代表。当然也有崇尚粗犷豪迈风格的艺术家，像闵鲁生、陈和之、沈子澈、项不损、华凤翔等。在风格上兼有浑厚质朴和精美细致的艺术家也是有的，代表艺人包括惠孟臣、惠逸公等。这一时期的紫砂壶制作可以说是百花齐放，呈现出整体繁荣的特点。

清朝嘉庆时期的书法篆刻家陈曼生对紫砂壶艺术水准的提升起到了极其重要的作用。当时按照陈曼生的设计，经杨彭年等人之手制作出来的紫砂壶，在当时被称为“曼生壶”，这类壶的出现开创了紫砂壶使用诗词、书法、绘画、篆刻等艺术形式进行壶体装饰的新局面。

明清时期的紫砂茗壶，在形制上呈现出变化多端的特点，壶的形状和大小都有所不同。相对而言，明朝万历之前，壶的形状还是以大为主；自从万历年以后，壶形就开始慢慢变小了。时大彬早年仿制供春壶比较多，因此制作大壶的情况是最多的，但当时大彬和游娄东以及其他名士来往之后，才开始制作小壶。在此之后的徐友泉等其他制壶艺人，更是在这一方面做了进一步的努力，壶体的风格从“盈尺兮丰隆”逐渐转变为“径寸而平抵”。明末清初时期，陈子畦、惠孟臣在制作“小壶精妙”“各擅胜场”方面都是非常著名的。壶形从大到小，也是伴随着士大夫饮茶趣味和习惯的改变而不断变化的。

除此之外，紫砂匠人多数要在壶底、壶把下方进行落款。明代的落款多用竹刀阴刻，使用欧体楷书雕刻在壶底；明末清初的一段时间，刻字与印章都兼而有之；清朝康熙以后，刻字的情况就比较少了，一般都是在壶底上使用印章，或者在盖内、把下盖小章。

西施壶

规格：220cc

材质：紫砂泥

第二章

举世无双的紫砂泥

紫砂泥的概况

紫砂器之所以受到使用者和收藏者的欢迎，和紫砂原料有密切的联系。

紫砂泥是紫砂壶制作的基础。紫砂泥常被称作“泥中泥，岩中岩”，紫砂矿泥本身的颜色种类丰富，所以还有“五色土”的称号，具体说来包括紫泥、红泥、青泥、红棕泥、本山绿泥等。另外，将上面 5 种基色的泥进行配比，还可以得到其他颜色。泥土配比的比例不同，配制出来的泥色也不同，宜兴产的紫砂泥质量上乘，而且矿藏量巨大，这也让宜兴的紫砂矿拥有了先天的优势，所以当地的老百姓都叫它“富贵土”。

鼓韵壶

规格：450cc

材质：紫砂泥

美人肩壶

规格：550cc

材质：紫砂泥

扁韵壶

规格： 400cc

材质：紫砂泥

扁韵壶

规格：400cc

材质：紫砂泥

掇菊壶

规格：380cc

材质：紫砂泥

掇菊壶

规格：200cc

材质：紫砂泥

不同的紫砂泥产于不同的矿区，而且各矿区的矿层分布也是不同的。烧制的时候，温度只要有一点点变化，最终烧制出来的器皿便有很大的不同。紫砂泥烧制后的颜色具有不确定性，因而让人有一种高深莫测的感觉。紫砂泥虽然是多彩的，但是本色也仅有朱、紫、黄三种，具体说来，朱有浓淡，紫亦有深浅，黄色的变化就更多了。如果把这些颜色重新命名一下，则可以概括为铁青、天青、栗色、猪肝、黯肝、紫铜、海棠红、朱砂紫、水碧、沉香、葵黄、冷金黄、梨皮、香灰、青灰、墨绿、铜绿、鼎黑、棕黑、榴皮、漆黑等。

葫芦壶

规格：500cc

材质：紫砂泥

紫砂陶土的泥质细腻，制成坯体后韧度非常高，其中铁的含量超过9%，经过阴干后收缩率很小，产品不易变形。紫砂泥质的这些特性，给制作多样品种、造型的紫砂器打下了坚实的基础。

紫砂陶土在经过上千度的焙烧后，其吸水率会得到提升，气孔率也得以升高。紫砂器本身渗透性好，因此做成的茶壶也都具有良好的吸附和透气性能，因此使用紫砂壶冲泡茶叶就是比其他茶具更加出色。

紫砂壶使用的泥料很独特，成型的工艺也很有特色，紫砂器的造型上融和了绘画、诗文、书法、篆刻等艺术类型，如此多的艺术元素最终使紫砂壶具有巨大的鉴赏价值。因此，紫砂壶不再是一类简单的饮茶器具，它更成为一种值得收藏的工艺品。因为紫砂器的珍贵性，历史上便有了“一壶重不数两，价重每一二十金，能使土与黄金争价”的说法。

紫砂的传说

传说，很久以前，宜兴丁山（丁蜀镇）的村民过着安宁祥和的生活。有一天，这里来了一个僧人，他边走边大声喊：“富有的皇家土，富有的皇家土”，村民们都不明所以。僧人见村民充满了疑惑，又提高了嗓门喊，并快步走了起来。有一些有见识的长者，就跟着这个奇怪的僧人一起走，僧人走到黄龙山和青龙山之间就消失了。长者四处寻找，看到好几处新开口的洞穴，洞穴中有各种颜色的陶土。长者就搬了一些彩色的陶土回家，敲打铸烧，神奇般地烧出了不同颜色的陶器。一传十，十传百，就这样，紫砂陶艺慢慢形成了。

紫砂泥的分类

紫砂泥的原料包括许多种，具体可以划分为白泥、甲泥、嫩泥三种。白泥通常为灰白色，由纯粉砂质铝土质黏土构成；甲泥还被称为“夹泥”，这种泥土是以紫色为主的杂色粉砂质黏土，它还包括紫泥和绿泥等；嫩泥的颜色主要为土黄色和灰白色，是一种杂色的黏土，嫩泥当中的朱泥是很有名的。

筋纹壶

规格：350cc

材质：朱泥

紫泥、红泥和绿泥在制壶过程中使用得最多，如果把这三类泥土进行加工，单独制作成壶，然后经过烧制完成的壶叫“本色壶”。如果把这几种泥土互相掺和，然后进一步制成多种色泽的陶泥，最终的成品颜色可以呈现出海棠红、朱砂紫、葵黄、墨绿、白砂、淡墨、梨皮、豆青、新铜绿等几十种颜色。紫砂泥的色彩最终也是紫砂壶的颜色，因此从外观上看质朴高雅。正是因为这样，古人称赞紫砂泥“果备五色，灿若披锦”。

亘古壶

规格：550cc

材质：紫泥

合欢壶

规格：450cc

材质：本山绿泥

紫砂泥的泥料是配比而成的，如何配比是门学问，在配制比例上必须把握得十分精准。也因为这样，配泥成了制壶艺人的一项绝技，这一绝技完全依赖于艺人的经验。如果详细了解过壶艺高手的特点，就会发现他们大都是配泥高手，在他们的手中能够配制出多姿多彩的泥料，从而制作出颜色各异的紫砂壶，这同样也是紫砂壶制作的一大特色。现代紫砂壶的制作不同于传统方法，一般情况下，泥料中经常使用一些着色剂（比如说金属氧化物）来进行配色，这样烧制完成的器物，颜色会更加丰富和鲜艳。

紫砂泥的特性

对于传说，我们不必全信，可是有一点不能否认，紫砂壶的制作本身就带有宜兴山川的灵气，陶都的这种特种陶土矿产更是成为我国罕见的天然陶土资源。制作紫砂陶的原料紫砂泥，本身黏中带砂，柔中见刚，韧性极好，而且颜色鲜艳。这些陶土烧成之后的器物，光滑平整之中含有小颗粒状变化，表现出一种砂质效果，所以称之为紫砂、紫砂器或紫砂陶。

归纳起来，紫砂泥大致有以下特点：

（1）可塑性好。紫砂泥可任意加工成大小各异的不同造型，制作时黏合力强，但又不粘工具不粘手。

天道酬勤壶

规格：350cc

材质：紫砂泥

龙行天下壶

规格：400cc

材质：底槽清

（2）干燥收缩率小。紫砂陶从泥坯成型到烧制成功收缩率约为8%，烧制温度范围较宽、变形率小、生坯强度大，因此茶壶的口盖能做到严丝合缝，造型轮廓线条规矩适度，不致扭曲。

（3）耐久性强。紫砂泥土成型后不需要施釉，它拥有平整光滑富有光泽的外形，用的时间越久，把玩的时间越长，它就越光亮。这也是其他质地的陶土无法比拟的。

（4）色泽多样。烧成器可形成朱紫砂、海棠红、葵黄、墨绿、白砂、淡墨、梨皮、豆青、新铜绿等几十种颜色。色泽的形成全凭原料本身的天然色泽，显得特别质朴、高雅。

留香壶

规格：400cc

材质：紫砂泥

紫砂泥的配色

不同颜色的紫砂泥按照一定的比例调和，就会形成其他颜色的泥料。另外，在烧制的过程中，紫砂壶因窑火的温度及时间长短也会出现不同的颜色。因此，紫砂壶的颜色可达几十种之多。现代制作紫砂壶过程中，匠人还会在泥料中加入着色剂（金属氧化物），使之烧成后的颜色更加多种多样，包括铁青、天青、栗色、猪肝、黯肝、紫铜、海棠红、朱砂紫、水碧、沉香、葵黄、冷金黄、梨皮、香灰、青灰、墨绿、桐绿、鼎黑、棕黑、榴皮、漆黑等，多达上百种。早在明清时期，紫砂匠人就已开始对泥料进行配色处理了，配泥是制壶工匠的一项绝活，全凭制壶人的经验，秘不相传，因此，每个工匠所制之壶风格各异。

紫砂泥的开采

紫砂泥的产地主要集中在江苏宜兴境内的南部丘陵山区，比如说黄龙山和白砀山等处。挖掘紫砂泥要依据不同的地方和不同的品种，以及不同的地理条件，采取不同的开采方法。具体来说，紫砂泥的开采方法包括两种，即明掘和暗掘。

明掘也就是我们平常说的露天开采，这种方式的优势是节省时间和人力。开采的时候先掘去 1~2 米的表层废土，然后就可以挖掘紫砂泥了。这种明掘的方式对应的是覆盖层较薄的矿体或比较靠近地表的山坡的紫砂泥进行开采。对于开采的矿藏，比较著名的明掘矿藏就是嫩泥矿。多数情况下只要泥层和地表的距离不超过 2 米的，都可以进行明掘。

平安壶

规格：300cc

材质：紫砂泥

暗掘也就是坑道开采，这种挖掘方式要按照固定的开采程序，在地下矿床或围岩中把泥土开采出来。进行开采前需要先凿矿井，矿井要穿过黄石岩层或在黄石岩层开掘成横穿式隧道到泥层，之后进行开采才更科学。暗掘的开采方式有两种：一种方式是采取矿井式采掘，这种方式开采的泥土距离地面都比较深，采掘的工程更加困难，多见的矿藏包括甲泥矿；另一种方式就是隧道式采掘，这种方式经常被用来开采紫泥矿。

线圆壶

规格：330cc

材质：紫砂泥

紫砂泥的提炼

刚刚开采出来的紫砂泥是不能直接使用的“生泥”，“生泥”的外形如同块状岩石，分拣出来后被堆放于露天中自然风化，能分解成黄豆大小的颗粒，然后再经过一系列的加工处理才能使用。处理方法主要包括炼泥、陈腐、澄泥和踏炼等几种方式。

扁汉方韵壶

规格：400cc

材质：紫泥

云肩如意壶

规格：300cc

材质：紫砂泥

（1）炼泥。分为人工和机械两种方法：人工方法是将分解后的泥料捶碎，经过筛选，再加水调和，然后人工脚踩踏炼。人工炼泥效率低，而且还需要陈腐养土，但是韧性好。机械炼泥是在20世纪60年代后期开始的，专用设备有雷蒙粉碎机、搅拌机、真空炼泥机等。具体方法是，在生泥风化后，经粉碎、过细筛、湿水等工序后送入真空炼泥机里，直接炼成熟泥料。机械炼泥省去陈腐养土环节、效率高、颗粒更加均匀细腻，但是韧性没有人工炼制的泥料好。

（2）陈腐。是将炼好的泥用铁铲切成大小适当的方块，放置在阴湿的地窖中进行陈腐，并且需要经常洒水以保持泥的湿度。陈腐的时间越长越好，泥中的有机物成分全都腐烂挥发后，可以提高烧制质量。古代紫砂匠人特别重视陈腐，据说陈腐达到百年的纯紫砂泥，价格贵过黄金。

（3）澄泥。是将泥料经过粗碎，然后用水浸润，再进行除水、澄淀等一系列 工序。

（4）踏炼。一般用于缸、瓮等日用粗陶泥料的处理，包括将泥料摊晒、捶碎、过筛、加水调和、脚踏踩炼、用木杆切碎等过程。

从矿砂到泥料是一个大浪淘沙的过程，一般情况下，50 千克好的矿砂仅能提炼出 3~3.5 千克的好泥料，炼泥率不足 10%。经过开采和处理，紫砂泥才能被正式派上用场。

葵仿古壶

规格：300cc

材质：紫砂泥

著名的紫砂烧窑

江苏宜兴丁山黄龙山脉四号井

窑温：大概在 1150 ~ 1200℃ ，收缩比大概为 13%。

适合冲泡：乌龙茶生茶（轻焙火系列）、铁观音（中焙火或重焙火系列）、普洱茶各种系列。

这个矿井当中生产的泥料“细黑星”很有名，早期做壶时使用这种泥料的很多，这种泥料的外形就是浅棕色中含有细黑色的颗粒，色泽非常温润，属于紫砂矿的极品类型。这种泥的黏性很好，成分中石英、云母、赤铁矿的含量比较高，成品茶壶上往往都有非常密集的小熔点，器身的双气孔结构更加明显，空气对流非常顺畅，气孔的疏密度也很好。

风韵壶

规格：400cc

材质：紫砂泥

平安如意壶

规格：420cc

材质：紫砂泥

江苏宜兴丁山黄龙山

窑温：大概在 1150℃，收缩比大概为 11%。

适合冲泡：乌龙茶生茶（轻焙火系列）、普洱茶各种系列。

早期红泥的使用是非常常见的，这种红泥多生产于江苏宜兴的黄龙山，因为这里有大量的红泥原矿。那个时候矿脉里的铁质成分较高，最终烧制出来的茶壶会有火疵和小熔点，经过很长时间的使用后，会有一种锋芒毕露的感觉，早期壶艺收藏家和养壶者都非常赞赏这种茶壶。新壶初用，茶汤略显砂气，经使用壶身展现出朱红，泡茶数日则如朱泥。

江苏宜兴市洑东乡西面

窑温：大概在1040℃，收缩比大概为45% ~ 55%。

适合冲泡：乌龙茶生茶（轻焙火系列）、铁观音（中焙火或重焙火系列）、普洱茶各种系列。.

宜兴市洑东乡西面的矿区开采的嫩泥中有一类叫小红泥，这种泥料中拥有大量的氧化铁，在经历高温窑烧后会呈现出朱红色。这种泥料的泥质细腻而且密度很高，相比于一般的红泥制品，这种类型的泥料非常稀有，泡出来的茶滋味醇厚甘鲜，回甘悠久，评价甚好。

宫灯壶

规格：400cc

材质：紫砂泥

第三章

名扬四海的紫砂壶

紫砂壶的优势

紫砂壶之所以受到爱茶之人的喜爱，一方面是由于紫砂壶造型美观、风格多样、独树一帜，另一方面也由于它在泡茶时有许多优点。明末清初的文学家李渔对紫砂壶的评价是“茗注莫妙于砂，壶之精者又莫过于阳羡”。后人称紫砂茶具有三大特点，就是“泡茶不走味，贮茶不变色，盛暑不易馊”。

四方抽角壶

规格：450cc

材质：紫砂泥

包容壶

规格：500cc

材质：段泥

据科学分析，紫砂壶确实有保茶汤原味的功能，它能吸收茶汁，而且具有耐冷耐热的特性。总体来说，紫砂壶有五大优点：

（1）材质好。紫砂壶使用的是一种介于陶和瓷之间的材质，它属于半烧结的精细茶器，具有特殊的双气孔结构，透气性极佳且不渗漏。经长久使用后，紫砂壶内壁会积聚“茶锈”，即使不放茶叶，注入沸水也会有茶香味。

神农氏与茶叶

传说神农氏尝了72种毒草后毒气聚积在体内，毒发时，神农氏靠在一棵树下休息，忽然一片被风吹落的树叶落入他的口中，清香甜醇，他的精神为之一振，马上咀嚼口中的嫩树叶，毒气顿退。那些叶子就是我们今天的茶叶。在被人们普遍饮用之前，人们只把茶看成是一种草药。

小型竹节壶

规格：450cc

材质：朱泥

（2）耐热性和透气性良好。紫砂壶可以承受冷热的急剧变化，比如寒冬腊月，注入沸水，不会因温度急变而胀裂；而且砂质传热缓慢，无论提、抚、握、拿，均不烫手。

（3）不易馊。陈茶不馊，甚至在暑天的隔夜茶也不起腻苔，所以清洗容易，不费周章。即使久置不用，只要用沸水泡一泡，倒出后再浸入冷水中冲洗，泡茶仍得原味。对此，清人吴骞记载了他的洗壶妙方："壶宿杂气，满贮沸汤，倾，即没冷水中，亦急出，冷水泻之，元气复矣。"

（4）不走味。紫砂壶泡茶能保持茶的原味，使茶水的色、香、味俱佳，且香不涣散。紫砂壶具有良好的可塑性及延展性，配合以特殊且精准的制壶技艺，它的成品口盖严密，缝隙极少，减少了含霉菌的空气流向壶内的概率，相对延长了茶汤变质的时间，有益人体健康。

（5）经久耐用。紫砂壶长久使用，器身会因抚摸擦拭变得更加光润可爱。而且据《阳羡茗壶系》载："壶经久用，涤拭日加，自发暗然之光，入手可鉴。"

紫砂壶的构成要素

紫砂壶的基本结构包括壶盖、壶身、壶钮、壶嘴、壶把和器足，每一部分单独成型，最后粘接在一起便构成一把完整的壶了。无论是何种风格、何种类型的紫砂壶，都少不了这几种基本要素。

壶盖

紫砂壶的壶盖形式多样，下面我们介绍常见的三种形式。

压盖 匏尊壶

（1）嵌盖。嵌盖是壶盖嵌于壶口内的样式，并与壶身融为一体。嵌盖有平嵌盖与虚嵌盖之分，能达到“准缝如纸、发之隙”者属上品。平嵌盖口与壶口呈同一平面，制作时在同一泥片中切出，故收缩一致，仅有“纸发之隙”，有圆形、方形、异形、树桩形等。虚嵌盖与壶口呈弧形或其他形状，形制规整，口部以装饰线处理，有直口、瓢口、雌雄片口等结构，与平嵌盖手法相似，以严密、精缝、通转为上。

嵌盖 汉铎壶

截盖 秦权壶

（2）压盖，亦称“完盖”。壶盖覆压于壶口之上的样式，其边缘有方线和圆线两种，均与壶口相呼应。与口置平的泥片称“座片”，弯起泥片为“虚片”，壶口泥片称“坨子”，壶墙的泥圈为“子口”，这几个部位及转折过渡用脂泥镶衔，润合贴切、浑若天成。壶盖稍大于壶口之外径的俗称“天压地”，这是为了适应功能和视觉的要求。

（3）截盖。这是紫砂壶特有的一种壶盖形式，因似壶整体截取一段作为壶盖而得名，其特点是简洁、流畅、明快、整体感强。制成后盖与口不仅大小合适，而且外轮廓线互相吻接，严丝合缝，故技术要求较高。有截盖、半截盖、嵌截盖之分。

一把紫砂壶制作完成，口和盖的配合应达到“直、紧、通、转”四点要求。“直”即盖的子口要做得很直，举壶斟茶时，壶盖不会脱落；“紧”即盖与口之间要做到严丝合缝，盖启自如；“通”即圆形的口和盖，必须圆得极其规正，盖合时要旋转爽利；“转”即方形紫砂壶和筋囊货的盖，盖合时可随意盖合，纹形丝毫无差。此外，任何器型的紫砂壶，壶盖上都要开一个内大外小的喇叭形小孔，这样才不易被水汽糊住，以便于注茶。

壶身

壶身是紫砂壶器形构成要素中最显眼的部分。紫砂壶的壶身形状各异，且具有很鲜明的时代特征，一般年代越早，形体越大。明代紫砂壶，壶身一般较大，气势沉稳；清代紫砂壶，壶身变小，以小壶居多。当代紫砂壶的壶身更是千变万化，不拘一格。

汉玉壶

怒放壶

球形钮 华颖壶

壶钮

壶钮亦称“的子”，为揭取壶盖而设置。钮虽小，但有画龙点睛的作用，形状变化丰富，是茗壶设计的关键部位。常见的有球形钮、珠钮、桥形钮、瓜柄形钮、动物肖形钮、树桩形钮等。

（1）球形钮。圆壶中最常见的钮，呈珠形、扁笠、柱形，往往取壶身缩小或倒置造型，制作中采用“捻摘子”工序，搓、转、压挤而成，简单快捷。

桥形钮 仿古如意壶

瓜柄形钮 大吉大利壶

（2）桥形钮。形似拱桥，有圆柱状、方条状、筋纹如意状等。作环形设单环、双环，亦称“串盖”。平缓的盖面上，环孔硕大的为牛鼻盖。

（3）瓜柄形钮。花塑器常用的钮式，如南瓜柄、西瓜柄、葫芦旁附枝叶，造型生动活泼。

（4）动物肖形钮。源于印钮，有狮、虎、龙、鱼等。制作时，写实、抽象变形、仿古手法并举，与主体统一协调即可。

（5）树桩形钮。取植物或瓜果的形态捏制而成，如梅桩、竹根、葡萄等。

（6）花式钮及其他。随着新的陶艺形式的发展，有些制壶名家打破了传统程式，以壶边大于口取代壶钮，将盖与钮融为一体。

树桩形钮 梅花双竹壶

动物肖形钮 龟龙玉璧壶

壶嘴

紫砂壶的壶嘴也是至关重要的部分，它关系到出水是否畅通、注茶是否爽利、有无涎水。因此，壶嘴的制作工艺非常讲究，嘴式的长短、粗细及安装位置都要恰当，壶嘴内壁必须光滑畅通，力求出水流畅，收水时不滴水、不流涎。它与壶体连接处，有明显界限的称“明接”；无明显界限的称“暗接”。壶嘴根部的出水眼，明代多为独孔，后因易被茶叶堵塞，从清代中期起为多孔，有三孔、七孔、九孔等。

一弯嘴 东方明珠壶

二弯嘴 平盖莲子壶

三弯嘴 传炉壶

直嘴 半月壶

从外形上看，紫砂壶壶嘴的嘴式可分为五种基本式样，即一弯嘴、二弯嘴、三弯嘴、直嘴、流。

（1）一弯嘴。形似鸟喙，俗称一喙嘴，一般为暗接处理。

（2）二弯嘴。嘴根部较大，出水流畅，明接和暗接处理均可。

（3）三弯嘴。源于铜锡壶造型，早期壶式使用较多，明接处理较常见。

（4）直嘴。形制简洁，出水流畅，明接和暗接处理都有。

（5）流。又叫“鸭嘴”，近代才开始流行，源于奶杯造型，一般用于茶器、咖啡具的造型上。

端把 天际壶

横把 紫砂壶

壶把

壶把是便于握壶而设的装置，源于古青铜器爵杯的弧形把。壶把一般位于壶肩至壶腹下端，与壶嘴位置对称。紫砂壶的壶把主要分为端把、横把、提梁三种基本式样。

（1）端把。亦称“圈把”，大多数紫砂壶采用端把，其使用方便，变化丰富。把、口、嘴三点高度呈水平、对称，壶把垂直形式安置，具端庄、稳重的效果。

（2）横把。安装在壶身上，与壶嘴呈 90°，圆筒形壶上多用横把。由于使用习惯的原因，现今很少见。

（3）提梁。是壶把的一种特殊式样，安装在壶体的上方，形式多样，具有很强的装饰作用。提梁还可分为硬提梁和软提梁两种：硬提梁与壶身连在一起，成为整体，其优点是形式感强，透出一种高雅之气，缺点是所占空间较大；软提梁又称“活络提梁”，是制坯时在壶的肩部做一对用来安装提梁的系纽，壶烧成后，用金属丝、管、细藤条、细竹根等做成半圆环，装在系纽上制成。软提梁的优点是壶把可拆卸，便于包装运输。

提梁 北瓜提梁壶

东坡提梁壶

相传，宋朝大学士苏东坡晚年不得志，弃官来到蜀山。当地盛产名茶和紫砂壶，又有玉女潭、金沙泉的好水，苏东坡每天吃茶、吟诗，倒乐得自在。但苏东坡还是感到一事美中不足，就是紫砂茶壶太小了。于是，苏东坡萌生了自己做一把大茶壶的想法。他叫书童买来上好的天青泥和几样必要的工具就开始动手了。谁知这件事比想象得难多了。苏东坡冥思苦想，做了好久，终于做出了一个灯笼壶身。此时还需要做个壶把。苏东坡的茶壶是用来煮茶的，如果壶把装在侧面，就会被火烤黑，而且烫手。最后，他奇思妙想，给壶做了个提梁。因为这种茶壶别具一格，后来就有一些艺人仿造，并把这种式样的茶壶叫做“东坡提梁壶”。

器足

器足是紫砂壶底部的承重部位，其设计直接关系到紫砂壶能否放置平稳。底足的尺度和形式处理，直接影响造型视觉的美观，因此历代制壶工匠都十分重视器足的设计和制作。紫砂壶的器足主要分为一捺底、加底和钉足三大类。粘接制作方式有明接、暗接两种。直方挺直造型的壶宜用明接处理，圆韵浑朴的造型宜用暗接处理。

（1）一捺底。即实际上没有足，是壶身的自然结束，为了搁放平稳，底部是向上鼓起的，多用于圆形紫砂壶，简洁灵巧。

一捺底 共奔前程壶

加底 卧虎藏龙壶

钉足 如意狮鼎壶

（2）加底。在壶身成型时加一道足圈，并用脂泥复合嵌接，亦称“挖足”。加底、足圈应视主体造型而设置，用复只和勒只工具加工处理，亦有借鉴花盆底足处理的手法，在方壶上挖出“犴门”，如扁梯形榫足等。

（3）钉足。是为了使器形不呆板，造型活泼，搁放平稳。型制大小，钉脚高、矮、粗、细宜视主体而统一协调，圆器一般用三支钉足，方器则为四支钉足。从实践经验而言，钉足不宜太高。

制壶工匠在制坯时会结合每一种壶式的特点而选择相应的器足，由于壶式众多，所以从这三大类中又衍生出了许多不同类型的器足。明代中期以来，历代制壶工匠精心制作的紫砂壶器足，种类已有一千多种。

紫砂壶的样式

紫砂壶的壶式就是紫砂壶的样式。数百年来，紫砂壶经过历代匠人的创造、完善，拥有了繁多的式样，一般分为光货、花货和筋囊货三大类。

光货

光货是指壶身为几何体、表面光素的紫砂壶，是根据球形、筒形、立方、长方及其他几何形变化而来，具有古朴典雅的特点。在制作光货紫砂壶坯时，要将器表修饰得极其平整光滑，造型讲究点、线、面的充分结合和平面形态的变化。光货根据造型的不同又可分为圆器、方器两大类。

光货 扁婴壶

光货 长乐壶

（1）圆器。即壶身的横剖面是圆形或椭圆形，圆器的轮廓由各种方向不同和曲率不同的曲线组成，讲究“圆、稳、匀、正”，圆中要有变化，壶体本身以及附件的大小、曲直要得当匀称，比例要协调，具有一种活泼柔顺的美感。

（2）方器。即壶身的横剖面是四方、六方、八方等，方器的轮廓是由平面和平面相交所构成的棱线组成，讲究线面挺括平整、轮廓线条分明，具有一种明快挺秀的阳刚之美。

光货 大彬僧帽壶

光货的传统造型有掇球壶、仿古壶、汉扁壶、僧帽壶、长乐壶、传炉壶、四方壶、六方壶等。

光货 掇球壶

花货 佛手壶

花货

花货又称“塑器”，紫砂匠人把自然界、动植物界的自然形态用浮雕、半浮雕等造型装饰，设计成仿生形象的茶壶，人们称之为“花货”。

花货属于仿生器形，又可分为三类：第一类是仿植物形态，如梅段壶、松段壶、竹段壶等；第二类是仿瓜果形态，如南瓜壶、佛手壶、藕形壶等；第三类是仿动物形态，如鱼化龙壶。此外，业内人士还把以动物之形为壶嘴、壶把的，因装饰浮雕做得很显眼的那些紫砂壶，也划归入花货。对于花货来说，无论是工艺、颜色还是创意，都要以自然、和谐为标准。这类紫砂壶常惟妙惟肖，将制壶工艺与自然形态完美结合，可让使用者在沏茶时体会到巧夺天工的美感。

花货 竹段壶

筋囊货

筋囊货又叫“筋纹器”，紫砂匠人把类似南瓜棱、菊花瓣等曲面形称为“筋囊”，然后以这类“筋囊”为单元去构成壶形。筋囊货是紫砂壶中线条比较多的一种，因此特别讲究线条的流畅，并力求做到器表和器内一样，口部和壶盖的“筋囊”要上下对应、合缝严密。筋囊货的特点是纹理规则、等分均衡、齐整协调、线条顺畅、自然明快，具有强烈的节奏韵律美。传统造型的筋囊货有菊瓣壶、瓜菱壶、水仙花壶等。

筋囊货 四方筋纹壶

筋囊货 菊瓣壶

筋囊货 大彬瓜菱壶

曼生壶

在紫砂壶的发展历史上，曼生壶是一类极其重要的壶式，它的出现具有里程碑式的意义。曼生壶将制壶工艺与文人风雅完美地结合起来，将紫砂壶的艺术性推向顶峰。曼生壶产生于清代嘉庆年间，是由文人陈曼生和一群懂书画、金石的幕僚设计，由制壶高手杨彭年、杨宝年、杨凤年兄妹等制作的。曼生壶壶式设计中寄寓了文人的巧思和雅趣，并利用壶铭书画将这种文人情趣进一步强化。设计者还根据壶式，分别采用不同的泥质，做出天青、黯肝、朱砂、梨皮、调砂、团泥等颜色肌理。

曼生瓠瓜壶

文雅的曼生壶

传世“曼生壶”，无论是诗、文，还是金石、砖瓦文字，都是写刻在壶的腹部或肩部，而且满肩、满腹，占据空间较大，非常显眼，再加上署款“曼生”“曼生铭”“阿曼陀室”或“曼生为七艺题”等等，也都是刻在壶身最为引人注目的位置。尤其值得一提的是，陈曼生摒弃宜兴紫砂工艺的传统做法，竟将壶底中央加盖制陶人印记的部位盖上自己的大印“阿曼陀室”，而把制陶人的印章移在壶盖里或壶把下腹部，这一点如不留意，往往是看不到的。

曼生壶器形简洁凝重，壶式以几何形为主，大致可分为四类：第一类是借鉴古代铜器、秦砖汉瓦为壶形，如借鉴铜镜器形的“镜瓦壶”、借鉴铜水吊器形的“石铫壶”、借鉴秦砖汉瓦而设计的“飞鸿延年壶”“半瓦壶”“砖方壶”等；第二类是借鉴生活用器为壶形，如“合斗壶”“柱础壶”“井栏壶”“台笠壶”“钿合壶”“合欢壶”等；第三类是壶形仿动植物形态，如“匏瓜壶”“葫芦壶”“圆珠壶”“天鸡壶”等；第四类是按照器用功能设计壶形，如“古春壶”“吉直壶”“春胜壶”等。此外，曼生壶还有重实用的特点，不管器形为何式，都可用于沏茶。茶壶的容量大小、高矮尺度、嘴把配置都十分讲究。现在曼生壶究竟有多少种，目前并未有定论，经学者研究考据，历代文献中所记载的曼生壶式多达 38 种，有详细图名的就有 18 种。

曼生半瓢壶

曼生合欢壶

曼生半瓦壶

其他壶式

经过历代匠人的创造和完善，除了上述的花货、光货、筋囊货这三大式样外，还有一些其他壶式，如石瓢壶、仿古壶、西施壶等。

（1）石瓢壶。是清代后期曼生壶中的一种式样，壶身为圆台形，盖为平顶式，桥形钮，直流，壶柄为牛舌式，造型古雅，又便于刻绘装饰。

石瓢壶

石瓢壶

仿古壶

仿古壶

（2）仿古壶。一说是由清代邵大亨初创，原意是壶体仿照鼓形，但后人仿制这种壶形也就有了仿古代壶形的意思了。另说最早见于近代赵松亭按清代文字学家吴大澂授意所作，具有身扁、腹鼓、颈高、盖板平滑，壶盖与口沿子母线吻合严密，扁圆钮，二弯流，圆形耳把匀势而起等特点。

西施壶

（3）西施壶。完整的称呼应该是“西施乳壶”，简称“西施”或“西施乳”。这个壶型在紫砂壶的史料中是有明文记载的，而且最早做这个壶型的，当属徐友泉大师。

壶的形状若美女西施之丰乳，流短而略粗，把为倒耳之形，盖采用截盖式，壶底近底处内收，一捺底。后人觉“西施乳”不雅，遂改称“西施壶”。

西施壶

掇球壶　　秦权壶

（4）掇球壶。是典型的几何型传统圆壶式，也是最优秀的紫砂壶代表款式之一。它的基本造型是壶钮、壶盖、壶身由小中大三个顺序排列的球体组成，壶腹为大球，壶盖为小球，整体的壶形似小球掇于大球上，故称掇球壶。

（5）秦权壶。是清代后期林园所创壶式，秤砣式形制，短流，环耳形把手，嵌盖微鼓，钮似桥顶，整体简练、古朴、大方。

掇球壶　　菱花秦权壶

井栏壶

古井栏壶

（6）井栏壶。顾名思义，其造型源于井栏。造型古朴、端庄典雅，短流，圆把，其流短小而偏上身，出水甚好，圆润中透出古朴“笨拙”韵味。

（7）容天壶。取材源于佛教中的大肚罗汉，取名源于“肚大能容天下事”。中国工艺美术大师吕尧臣首创，其早期作品壶形偏低，后来壶形较高。制壶时，要体现此壶的气韵的确很难，需要做壶之人用心体会。外形上，在气韵饱满的壶身上添加一稍矮之颈，壶盖增高成半球状，平添拙朴童趣。视觉上稳重大度，在质朴中见深厚。此壶出水效果极佳，用起来确实方便舒适。

（8）瓦当壶。模仿古代器物是紫砂壶的造型来源之一。瓦当壶为模仿汉代瓦当式样，造型独特，一般壶体呈瓦当状，造型以几何线条为主，成型规范有致，线条流畅准确，壶身多有铭文。

容天壶

瓦当壶

洋桶壶

鹧鸪提梁壶

（9）鹧鸪提梁。造型为扁圆形壶身，把手为见棱见方的三柱高提梁，从侧面望去犹如一只飞翔着的鸟儿的头部。原创者顾景舟大师为其命名“鹧鸪提梁壶”。

（10）洋桶壶。是紫砂茗壶里较为常见的一种款式，亦是一种茶壶款式的专用名称。紫砂洋桶壶自清末民初创制以来，因其造型简练、使用方便、适宜把玩、便于提携、便于茗泡而一度盛行，成为紫砂光货素器类经典传统作品之一。

（11）僧帽壶。元代创制的瓷器造型，壶式之一，因壶口形似僧帽而得名。壶造型为口沿上翘，前低后高，鸭嘴形流，壶盖卧于口沿内，束颈、鼓腹、圈足、曲柄。此种壶具有强烈的少数民族风格，初期专为佛教僧侣饮茶所用，后来随着时间的推移逐步变成普通人也可以使用的茶壶了。

一壶泡一茶

由于紫砂泥具有特殊的双气孔结构，能够很好地吸收茶汤茶味。因此，一把长期使用的紫砂壶，即使在不加茶叶的情况下，仅仅冲进沸水，也能“泡”出茶的香味来。所以，一把壶最好只冲泡一种茶叶，只有这样，冲泡出的茶汤才能保持味道的纯粹。如果今天泡红茶，明天泡普洱，那么它们就会相互串味，失去了茶香的本真，大大降低了紫砂壶的宜茶功能。

矮墙僧帽壶

高墙僧帽壶

（12）思亭壶。早期的思亭壶，壶嘴曲度较小、流口简练，以竹刀落款于盖口墙沿，笔致尚称工整；年代稍晚些的思亭壶，风格柔美、曲线明显、流口较尖，署款则各式皆备，有竹刀写刻，也有钢刀双钩刻，罕见钤印者。

思亭壶

思亭壶

一粒珠壶

纳福一粒珠壶

（13）一粒珠壶。这是一种传统的壶式，相传是惠孟臣所创。壶体为圆球形、无颈，壶盖采用嵌入式结构，盖钮为小圆珠式，三弯式管状流，大圆形壶柄。一粒珠壶做工精细，一般采用大红泥制作，色泽朱红。

（14）松段壶。以松段一截的造型做壶身，结构极严谨，比例合理协调，整体气势古朴、挺秀有神、形象逼真；壶盖为嵌入式，口盖紧密无间，盖呈不规则形，有年轮效果。盖钮塑成开叉的松枝及松叶朵朵，与壶身对应，壶嘴与把手均塑成老松枝之形，质朴古雅。

（15）竹段壶。是以竹筒的形态做壶身，营造出竹子的精神气质。壶盖采用嵌入式或虚嵌盖，壶流、壶柄也都塑成竹枝之形。

（16）四方壶。有高四方和矮四方两种壶体，壶流和壶把均安装在四方体的对角线上。

（17）龙蛋壶。即蛋形壶，壶身与壶盖整体看起来像一只蛋的形状。

松段壶

杨氏竹段壶

亚明四方壶

四方抽角壶

朱砂大龙蛋壶

龙蛋壶

龙头一捆竹壶

（18）龙头一捆竹壶。清朝制壶名家邵大亨所制作的龙头一捆竹壶，是根据一个非常动人的传说而设计出来的。它讲的是龙王到东海巡视时，路过一个地方，见到当地的人民非常贫困，但又都非常善良，龙王就叫他的儿子送一样既能吃又能用的东西给当地人民，以帮助人民解决生活困难的问题。龙王的儿子遵照其父亲的旨意将生长在大海中的一种叫“竹”的植物捆上一捆，绑在自己的龙头上送到当地百姓的手里。龙头一捆竹壶正是诠释了龙与竹的关系。

一代宗匠——邵大亨

邵大亨（1796—1861 年），清代道光、咸丰年间宜兴制壶名手。传世作品有《一捆竹壶》（藏于南京博物院）、《鱼化龙壶》《掇球壶》和《风卷葵壶》等，皆为紫砂壶精品。他在少年时就很出名了，是继陈鸣远后的一代宗匠。他制的壶朴实庄重、气势不凡，“力追古人，有过之无不及也”，将紫砂艺术质朴典雅的气息展现得淋漓尽致。他的作品在清代时已被嗜茶者及收藏家视为珍宝，有“一壶千金，几不可得”之说，可见当时他的壶艺声誉之高。

历代紫砂壶的艺术特点

两宋时期

宋朝（960—1279年）时期，我国的陶瓷业呈现出蓬勃发展的态势，南北很多名窑都相继崛起，而且各具特色。江苏的制陶业发生明显变化，这个时期青瓷的生产逐渐衰落，随之而来的是日用陶器的迅速兴起，这也说明陶瓷业进入了一个新的发展阶段。这个时期的陶器胎壁较厚、胎质坚硬，内外施釉的大型陶缸和中型陶缸、钵等产品，在胎质、造型、成型制作等方面也有了进一步的发展。这个时期紫砂制品形成了以宜兴丁山—蜀山—汤渡和五圣村为中心的两个产区，而且进一步奠定了陶都宜兴的发展根基。

现代的宜兴境内仍可以发现宋代的窑址。张渚镇窑场的分布比较广，而且保存较好。在西渚镇内，至今还保留着二十多个窑墩，其中包括四五十座龙窑遗址。此外，西渚窑场的废品堆积很多，这个地区的主要产品是一种小口溜肩带耳、形状类似鸡蛋的釉陶瓶，这种类型的陶器相传是南宋将领韩世忠所统领的军队平时使用的行军壶或者酒壶。

南京、扬州的北宋古井和墓葬中都出现过这类釉陶瓶，据此我们可以推测，该瓶最早的烧制年代可追溯至北宋。这些地方的窑场除了烧制釉陶瓶，还烧制少量的盆、罐、壶和缸类器皿。现在西渚镇附近，有一处名为缸窑湾的地方，这里出土的器物包括垫烧大缸的窑具，此外还有锯齿形的环状物，比如说大型垫座。从这些例子当中我们也可以发现该处出产缸类已有相当长的历史。在西渚窑场之外的白塔村同样也发现了三处窑墩，这几处古窑可能都历经了元、明时期，在这些窑址还曾经发现了一种橄榄状的小口无耳釉陶瓶，这和宋朝时期的韩瓶不同，这种瓶子多发现于明朝初年的遗址中。西渚窑群在南宋初年可能是一处军用窑场，当然部分产品也有可能提供给民用，到了南宋的中晚期和元、明之际，这些地方出产的陶瓷则以民用为主。在宜兴丁蜀地区，由于古今窑址重叠，加之近年来废弃龙窑改建隧道窑，故宋代的窑炉遗迹已难以寻觅，但从少数几处的废品堆积来看，均是以烧造缸类为主。

宋朝韩瓶

线圆壶

规格：400cc

材质：紫砂泥

明清时期

明清时期（1368—1911 年），宜兴窑场生产用来陈设的艺术陶器多达几十种，而且其生产规模和制作技艺都达到了非常高的水准，具体的产品包括瓜果、动物等雕塑品，此外还有笔筒、砚台、笔架、镇纸、棋具等文具和娱乐品。这一时期江苏地区日用陶器的生产大多集中于手工业工场，并且进行了专业的分工。明朝时期，砂锅也逐渐在民间普及。陶工挖掘出山中白泥后，先捣碎，再经过淘漂后，使用手工方法制作成型，然后经过缸体套装，最终送入窑内焙烧。

明初时期，江苏地区生产陶盆的地方仅有宜兴，品种差不多有三十多种。这其中浴盆的形体是最大的，大概能够容纳 50 千克的水；食用的汤盆则容积最小，容水量只有 1 千克左右。自从明朝永乐二年（1404 年）开始，江苏有大量的陶工缸匠北迁，江苏因此有超过一半的窑场停业，可是宜兴地区仍然继续着陶业烧造。明朝成化二十年（1484 年），政府废除了明初实行的轮班匠制（规定工匠每三年为官府或皇室服役三个月），那些工匠被遣散回籍，他们复起烧造，江苏地区的窑业才最终得以恢复和发展。

明代中叶，宜兴的丁山和蜀山一带发展成为江苏陶器的主要产地，这一时期的产品种类很多，销售区域也逐渐扩大，甚至还出现了粗、溪、黑、黄、砂货的行会组织。此时，这一地区也给皇室制作大龙缸，宜兴陶业已发展成为全国日用陶瓷的重要产区，“宜兴窑”也因烧造日用陶器的名窑众多而载誉于世。

清朝大龙缸

明朝的紫砂壶艺术进入了蓬勃发展的时期，这个时期出现了许多紫砂壶艺人，比如供春、时大彬等，这也让紫砂壶艺术正式登上了历史舞台。明朝万历年间（1573—1620年），紫砂壶现存的三大壶式（筋纹型、自然型、几何型）都已全面成型，而且还有上佳的作品问世，从这方面来说，紫砂壶已积累了更多的文化艺术特质。也因为这样，万历年间成了紫砂壶发展历史上的第一个鼎盛时期。

供春

供春（约1506—1566年），又称供龚春、龚春，明正德嘉靖年间人。供春是紫砂壶的鼻祖，他将紫砂壶进行了推广。供春是跟僧人学做的壶，僧人制造紫砂壶的年代可能要远远早于供春，宋代就有用紫砂制作的各种陶罐、陶壶，但是僧人只是自己使用，供春是第一位因做紫砂壶出名的人。

祝愿壶

规格：550cc

材质：紫砂泥

香瓜壶

规格：550cc

材质：紫砂泥

明朝的紫砂壶造型更多地借鉴了铜锡器皿的造型特色，筋纹器的造型相对比较常见。明式的家具风格主要为简洁凝重，这种艺术风格对紫砂陶艺的影响同样深刻。明朝的紫砂壶整体风格和造型上偏向厚重，在比例上十分协调，但是在泥质颗粒上处理得则比较粗。

清朝紫砂业发展得非常快，仅仅在康熙、雍正、乾隆三朝，紫砂壶的品种数量就已经迅速增加，这一时期的生产种类除了壶、杯等茶具外，还包括花盆、玩具、雅玩陈设等。这时候的紫砂壶，形制也趋向于多姿多彩，类似的样子有仿古形、花果形、几何形等壶式；泥料在配色上同样也很丰富，其中朱泥和紫色占据了主要位置，此外还包括白泥、乌泥、黄泥、梨皮泥、松花泥等多种色泽；在制壶工艺和手法方面的创造和发明也很多。

精湛的紫砂壶工艺也让紫砂壶备受皇室青睐，很多紫砂壶因此成为贡品被进贡到宫廷。这一时期，一些奢侈的装饰手法，例如泥绘、描金、彩釉、炉均、堆贴、簇印等也都出现了。乾隆时期的造办处档案里还可以查到关于宜兴紫砂壶的记录：乾隆二十三年（1758年）十月五日“苏州织造……送到……宜兴壶四件”。现在，北京故宫博物院还藏有乾隆时期的御制诗紫砂壶以及紫砂茶叶罐等，除此之外，还保存了乾隆外出时携带的一套紫砂茶具。这套紫砂茶具使用藤编提盒盛装，包括火炉、茶壶和茶罐等。

四脚筋纹如意壶

规格：280cc

材质：紫砂泥

竹福壶

规格：380cc

材质：紫砂泥

祥壶

规格：500cc

材质：紫砂泥

嘉庆和道光年间，紫砂壶在形制和装饰上都出现了很大的改变，这个时期的文人更加积极地参与到紫砂壶的设计中来，从而引起了这方面的变革。对于文人参与紫砂壶艺设计的事情，以前的朝代也有，可是到了这一时期则更加多见，文人甚至变成了紫砂壶艺术设计的主力军，这一现象对紫砂壶艺的发展起到了很大的推动作用。这个时期的艺人烧制的紫砂壶基本上都放弃了追求精巧的风气，紫砂壶的器形以几何形为主，壶的整体装饰风格基本就是保持简练的线条，保证能有更大面积的光洁面。在壶的刻画装饰手段方面，匠人们则多使用书法、绘画、篆刻等，这些技艺的使用使紫砂壶的文雅气质更加浓烈。

莲生贵子壶

规格：400cc

材质：紫砂泥

望子成龙壶

规格：400cc

材质：紫砂泥

清代的紫砂大师很多，比较著名的有陈鸣远、邵大亨、黄玉麟、邵大敖、何心舟、王东石、蒋德林、吴阿根、蒋万丰等。

民国时期

民国时期紫砂壶的生产状况与近代中国的命运非常相似。

清朝末年到民国初期，紫砂业的发展非常缓慢，这个时期销售紫砂壶的门店遍布上海、宜兴、无锡、天津、杭州等城市，人们多是在宜兴地区进行紫砂壶定制，然后雇佣知名艺人进行制作。所以，这一时期的宜兴紫砂壶畅销国内的各大城市，有的还销售到日本、东南亚以及欧美等国家和地区。这一时期知名的紫砂壶商号有：陈鼎和、铁画轩、吴德盛、毛顺兴等。

民国壶匠蒋萃丰制作：瓜棱形紫砂壶

规格：550cc

材质：紫砂

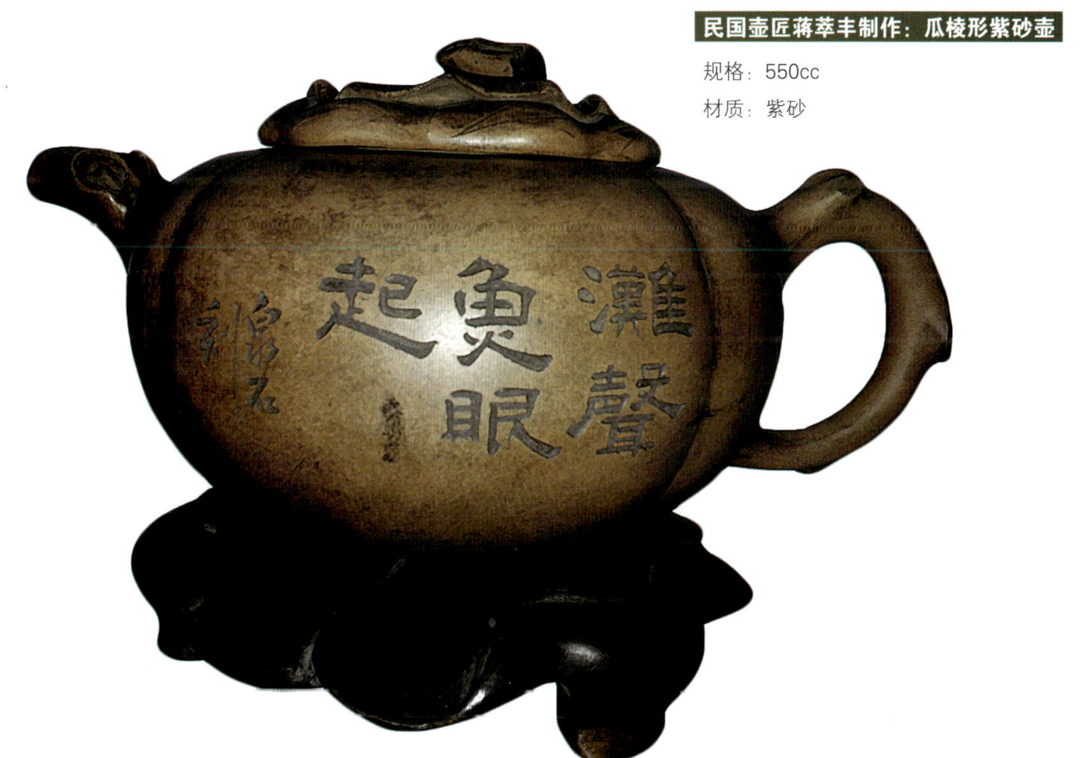

近代紫砂壶名家

吴新建、黄玉麟、程寿珍、俞国良、陈光明、汪宝根、范大生、汪宝洲、严光芝、魏忠明、葛宝林、鲍明亮、戈根大、彭再生、秦根林、诸葛伯勋、沈孝鹿、冯桂林、鲍六芝、邵全章、陈少亭、胡耀庭、范占、李宝珍、陈经耕、范锦甫、谈尧坤、范泽林、邵宝琴、蒋祥元、顾德根、周尊严、范建军、范洪泉、倪顺生、凌锡苟、顾治培、高丽君、高建芳、储集泉、程辉、葛军、姚杰、惠祥云、潘持平、冯伯明。

民国时期紫砂壶的样式基本上沿袭清代的风格，公司新设计的壶式并不多，虽然壶艺的制作还是倾向于刻画装饰，但是在内容方面则以摹刻名画以及不同书体的书法、碑版、青铜器铭文、砖瓦古陶文等为主。这一时期的紫砂壶制作名家非常之多，如程寿珍、俞国良、范大生、李宝珍、汪宝根等。这些名家的技艺都十分精妙，也都非常擅长模仿，故而佳作频出，一些杰出的作品还在国际博览会上获奖。直到抗战爆发前，紫砂业整体形势还是在向前发展的，整体行当也很繁荣。抗日战争爆发后，宜兴以及全国的紫砂业发展都进入了低谷期，宜兴的十条龙窑里有七条被日寇和国民党军改建成碉堡，紫砂生产的工厂大部分被毁，很多紫砂大师都死于贫穷和疾病，整个行业的从业人员最惨时仅剩二十多人，紫砂艺术几乎濒临绝迹。

现代时期

新中国成立以来，紫砂业开始恢复和发展。很多紫砂匠人都在政府的帮助下回到了宜兴，并且重新开始制造紫砂壶，紫砂业的发展也带动了紫砂匠人的迅速增加。

20 世纪 70 年代，紫砂壶的生产进入了一个全新的时代，同时也出现了许多紫砂大师，人们重新燃起了对紫砂壶的兴趣，我国港澳台及东南亚地区还掀起了紫砂收藏的热潮。

金瓜壶

规格：450cc

材质：老紫泥

菱花线圆壶

规格：450cc

材质：朱泥

20世纪80年代起，紫砂匠人在创作时进一步融入了西方的艺术观念，开拓了紫砂艺术的新天地。这一时期的艺术家一方面有着较高的文化水平，另一方面有着超凡的艺术造诣，代表人物包括高海庚、徐秀棠等。在绘画、文学、金石学家们的支持和参与下，紫砂壶的创作不断推陈出新，此时的紫砂器生产和创作出现了前所未有的兴盛局面。

这一时期，国内比较著名的艺术院校，比如中央工艺美术学院、景德镇陶瓷学院、南京艺术学院等很多艺术院校也相继开办了许多短期的紫砂培训班和进修班。紫砂的创作融合了当代的艺术思潮和设计思想，同样也促进了紫砂业的发展。

名仕四方壶

规格：400cc

材质：底槽清

天际壶

规格：400cc

材质：鱼子泥

百花争艳壶

规格：380cc

材质：紫泥

现代的紫砂创作更注重个性，也正因为这样，现代的紫砂壶在器形上和传统的紫砂壶形成了鲜明对比。传统紫砂壶具有一个显著的特点，那就是仿制。“千人仿一壶”是传统紫砂壶中常见的现象，模仿的境界从形似到神似，大家都力求从中获得变革和突破，希望最终形成自我风格。故而每当一种新壶式在业内出了名，大家均会进行仿制。很多紫砂匠人一生都在仿制，他们把仅仅在壶嘴、壶盖、壶把上进行的微小调整视为创新。而当代紫砂陶艺则摒弃了这一思想，强调个性的张扬，强调有感而发，从而推动了紫砂业呈现出别样的繁荣。

海豚壶

规格：380cc

材质：清水泥

紫砂壶的加工流程

制作工艺

每一件紫砂壶的诞生，都要经过十到几十道复杂工序。自明朝正德年间以来，经过历代匠人的摸索、改进和科学技术的进步，其方法呈现出多样性，技艺也日臻完美。一般来说，成型方法有手工、注浆、施坯和印坯成型等几种。

石瓢提梁壶

规格：400cc

材质：红皮

平盖莲子壶

规格：500cc

材质：紫砂泥

手工成型方法包括打身筒和镶身筒两种，是古老的手工制作工艺。

（1）打身筒成型法。先将炼好的熟泥开成一定宽度、厚度、长度的“泥路丝”，再把这些泥路丝打成符合所制器皿要求的泥条和泥片，并用规车等工具划出泥条的宽度，旋出口、底以及围片，然后把围片粘贴在转盘的正中，把泥条沿着围片围好，圈接成一个泥筒，再以左手衬托在圆筒内，以右手用薄木拍子拍打成型。

（2）镶身筒成型法。适用于方器皿制品，先将泥路丝切成方形泥块，把方形泥块打成泥片，按产品要求的尺寸配制样板，依样板裁切泥片，再把裁切好的泥片按器皿型制规格要求用脂泥粘贴、镶接成型。

手工成型的关键在于泥坯成型技巧的规范、恰到好处及表面的精细加工。精细的刮平修正，可以使器形结构更加严谨、轮廓线条分明得体、筋囊纹理清晰，达到珠圆玉润、浑然一体的制作要求。

汉方壶

规格：550cc

材质：底槽清

制作工具

紫砂壶的制作完成，不仅要靠艺人们精湛的技艺，还必须借助各种工具，二者完美地结合，才能使紫砂壶成形，也使它拥有了美感与灵性。古人说得好："工欲善其事，必先利其器。"经过历代艺人的不断探索、改革、创新，现已形成了一整套独特的、经济的、自成体系的工具，数量多达几百种，大致可分为两大类：一是常用工具，即每个紫砂匠人在制作任何一个紫砂壶时都必须用的工具，包括木拍子、竹拍子、挖嘴刀、尖刀、矩车等；二是制作某一种造型的壶时配置的专用器具。这些工具一般都由紫砂匠人自己加工、修整而成，其材质有木、竹、石、金属、牛角、皮革、塑料等，形状也各不相同。

（1）竹拍子。有大、中、小及尖头拍子等几种。大中型拍子是抽身筒，做方货用的；小拍子是用于推身筒接头、掠子泥、推墙刮底、做嘴把等；尖头竹拍子可挟大面、做嘴等。

（2）尖刀。种类较多，分铁尖刀、竹尖刀、通嘴尖刀、弯尖刀等。尖刀是用来琢嘴把、琢钮、转足、革小平面的一种普通而常用的主要工具，实际也是简单的雕塑工具。材料大多是普钢、铜、不锈钢、老竹子等，其形中间宽、一头尖、一头稍圆，两面线条要对称，中间厚，边上薄，成弧形。尖刀要根据不同的用途选用，厚薄、宽窄要求不一。

（3）木搭子。是成型工艺中的主要工具之一，主要用于打泥条、片子和捶嘴、把泥片等。搭子的主要用材是榉树、檀树、枣树等，取材要干。搭子平时使用后要用湿布擦净放在干燥处，不能在太阳下晒，也不能用来打铁器等硬物。

（4）木拍子。主要用于打身筒、拍片子、拍口。材料以红木为最佳，拍子的总长约 28 厘米，拍身宽约 10 厘米。拍子的厚度是根据材质而定，枣木前厚 3 毫米、中厚 4 毫米、后厚 4 毫米，柏木更厚些，红木可更薄一些。拍子用过后也不能浸在水里，应放在干燥处，要避免单面受潮，要防止拍子开裂。

（5）刀。是成型工艺中使用最广的工具，在制作过程中，用刀进行切、削、挑、挟、挖、刮等，且从开始到结束都要使用。做刀的材料最常用的是普通钢，刀锋要经常磨快，刀柄与刀身的比例大约是 6∶1。

（6）线梗。是用于勒光各种装饰线条的工具，线梗有牛角的、铁的、塑料的，还有竹子的。线梗是根据不同的装饰线条来磨制的，并需要根据各人的使用手法、习惯来确定线梗的不同角度。线梗的使用，是制作成型工具中最难掌握的一种。

（7）明针。就是牛角片，用于作品表面精加工的工具。制作明针时头子要刮平，要从上到下慢慢地薄下去。明针使用时浸在清水里，不用时要捞起揩干。

（8）矩底。又叫底据、垫底，是用竹子做的，是垫在矩车的站人下面划片子用的，中间有一个圆眼。

（9）矩车。正名应为规车，它是专门用于划圆片子、开口的。矩车分车柄、车钉、站人和销钉四部分。矩车柄是用不易变形的竹子制成的，矩车钉是铁的，站人要用厚 1.5 厘米以上的竹子做，销钉也是竹子做的。一般矩车的规格是：柄长 20 厘米，宽 1.5 厘米；站人总高 8.5 厘米，宽 1.3 厘米，眼长 2.2 ~ 2.4 厘米，宽 0.55 厘米；矩车的使用，是根据站人与矩车钉的高度来调节的，一般矩车站人比钉高 2 毫米。另外还有几种特殊的矩车：弯泥条矩车是在车柄上装两个站人；还有复线车和打线车，复线车不装车钉，打线车则是装竹钉。

（10）泥扦尺。是用来起泥条和大泥片的。它是用节距较长的竹片做成，从柄到头要逐渐薄下去，并且慢慢狭窄，背面要平正，口要齐，一面成刀口状，握柄处一般正好有一个竹节。

（11）水笔帚。是用布扎成的用于带水的传统小工具。打身筒、琢嘴、琢把、琢钮等，都是离不开它的。它的优点是存水多，带水方便。特别是做粗货、坯体太燥时，可直接沾水带在坯体上。

（12）顶柱。一般用木头制作，也有用石头或紫砂泥制作的。顶柱是紫砂壶成形工序完成后，加盖底印的专用工具。

（13）元盖石。一般用紫砂泥烧制而成，也有用塑料片加工制作的，是处理紫砂壶坯底足和壶盖内顶的圆弧时的专用工具。

（14）木转轮。也叫转盘，用檀木制作，形制有大、中、小三种，是手工制作的圆形紫砂壶打身筒时的专用工具。

（15）勒只、复只。一般用牛角、竹子、黄杨木等制作。这两种工具配套使用，用于泥片间脂泥交接、交合线转折，以使其光鲜挺立。

（16）挖嘴刀。是用来挖壶嘴洞的，用 2~3 毫米粗的钢丝烧红后加柄制成的。

（17）铜管。是用来钻各种大小洞眼的，用铅皮或铜皮卷成直径一半的圆筒，长度 10 ~ 12 厘米，在两头加上成刃口。

（18）独个。是用来制作圆眼、圆嘴的工具，同时在制作花货、树桩时也可作为雕塑工具用。竹子做的独个具有爽泥、耐磨等优点，且取材容易、削制方便。独个一般有两种，一种是平头的用作独盖眼的，另一种是两头尖的（一头粗，一头细），用作独嘴洞及其他洞眼的。

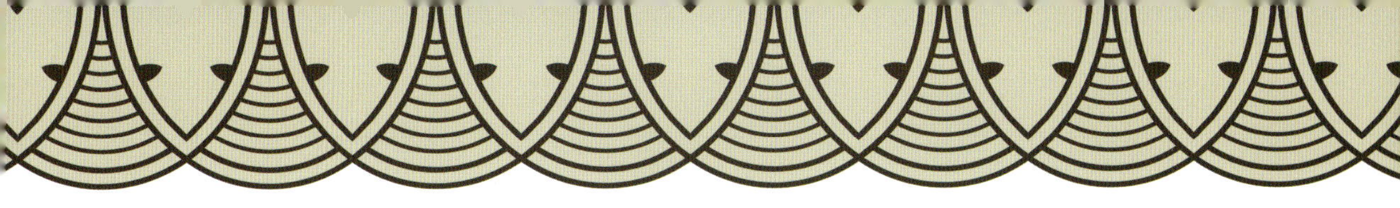

鸣远传炉壶

规格：550cc

材质：紫砂泥

烧制工艺

紫砂壶的烧制方法有传统方法和现代方法两大类。传统方法主要为窑烧，经历了龙窑、倒焰窑到隧道窑的演变。现代方法主要为瓦斯窑和电窑两种。

◆ 龙窑

古代主要依靠龙窑来烧制紫砂壶。它是一种依山坡用砖砌筑成斜坡式弯状的隧道，长度一般为 30 ~ 70 米，顶端高约 12 米，倾斜角为 8° ~ 20° ，分窑头、窑床、窑尾三部分。在隧道两侧，每距 1.3 米开着投放燃料的小洞（俗称“鳞眼洞”）。烧制紫砂壶时，须先将陶坯装入匣钵（耐火陶土制成），一窑可装匣钵 2880 只，每个匣钵内可装 9 把茶壶，每窑一次可烧制紫砂壶约 26000 件。烧窑材料主要用松枝、硬柴，烧成温度控制在 1200℃左右，生产周期约为 4 天。烧窑一般是多家窑户合烧，大窑户烧几股，小窑户几家拼烧一股，凑满一窑数后合租共烧。

◆ 倒焰窑

倒焰窑是一种间歇式火焰窑炉，其燃烧时所产生的火焰从燃烧室的喷火口上行至窑顶，由于窑顶是密封的，火焰无法继续上行，在走投无路的情况下，便会经过匣钵柱的间隙，自窑底吸火孔进入烟道，最后由烟囱排出，因而被称为“倒焰窑”。

倒焰窑的优点有二：一是对烧制品的加热比较充分，均匀。因其火焰从喷火口出来在上行至窑顶的过程中，通过对流、辐射把热量传递给烧制品，当火焰到达顶部时，又对顶部制品进行加热，然后折向下行，在下行时又对流、辐射对制品进行又一次全面充分的加热，使窑内营造成一个四面八方温度很均匀的氛围；二是适应性很强，因为是间歇式的，所以可以根据烧制品的不同来调节烧成温度，这是其他窑所不具备的。

倒焰窑的缺点也有两点：一是由于装窑、出窑均在窑内操作，故劳动强度大；二是热量损耗大，造成能源上的浪费，烧制成本高，也容易污染环境。

潘壶

规格：450cc

材质：紫砂泥

香玉瓶

规格：500cc

材质：紫砂泥

◆ 隧道窑

隧道窑是一种连续式窑炉，从而保证烧制品的装、烧、冷、出等工序是连续不断进行的。隧道窑一般是一条长的直线形隧道，其两侧及顶部有固定的墙壁及拱顶，底部铺设的轨道上运行着窑车。燃烧设备设在隧道窑的中部两侧，构成了固定的高温带——烧成带，燃烧产生的高温烟气在隧道窑前端烟囱或引风机的作用下，沿着隧道向窑头方向流动，同时逐步地预热进入窑内的制品，这一段构成了隧道窑的预热带。在隧道窑的窑尾鼓入冷风，冷却隧道窑内后一段的制品，鼓入的冷风流经制品而被加热后，再抽出送入干燥器作为干燥生坯的热源，这一段便构成了隧道窑的冷却带。隧道窑的优点是生产周期短，产量大，产成品率高，热效率高，便于与机械化、自动化操作结合，适合大批量的生产，能够节约燃料，并大大减轻人的劳动强度，改善劳动条件。隧道窑的缺点是建造所需材料和设备较多，因此投资较大；对于不同制品必须全面改变焙烧工艺制度；生产技术要求严格；窑车易损坏，维修工作量大等。

玉立壶

规格：550cc

材质：紫砂泥

紫砂壶的款识

款识是鉴赏识别名人名作的重要依据之一。根据印文的内容和印的使用方式，可以判别不同时代的紫砂壶，如明代制壶作者和定制者大都把印章款识放在把下、壶腹、壶底；清代以后落款的位置较之明代又多了几处，有盖内、流（壶嘴）下等部位，但以盖内、把下、壶底为常见。再加上紫砂工艺师的个人喜好不同，如题款、印款在壶上的位置等等，都有很大的区别，都是鉴别紫砂壶的重要依据。

◆ 瓦斯窑

瓦斯窑有三种，分别是梭式窑、推板窑、隧道窑。它们各有各的烧成曲线，控制方法也不同，但基本上是以温度、时间来控制，根据烧成时段的规定温度，适当调节气阀和风门，使燃料的燃烧值最高，均匀燃烧并达到需求温度。

◆ 电窑

电窑是现代发明的一种通过电热元件把电能转变成热能的新烧窑方法，又称“电阻炉”。电窑结构简单，占地面积小，窑内空间紧凑，热强度高，热能利用率高，窑内的紫砂制品不受烟气及灰渣影响，窑温易于调节监测。用电窑烧制出的紫砂壶，不但生产周期大大缩短，同时也能较好地保证质量，工作时炉温可达1200 ~ 1600℃，能烧制不同规格的陶瓷制品。箱式电阻炉适于烧制单个或小批量的大、中、小型紫砂壶。

装饰工艺

紫砂壶是集中国传统文化“诗、书、画、印”为一体的艺术品，其艺术价值的高低不仅取决于它的用料和造型，还取决于其装饰工艺。紫砂壶的装饰工艺主要包括线条装饰、刻画装饰、泥绘装饰和印贴装饰、彩釉装饰、镶嵌装饰以及一些特殊装饰技法等。

◆ 线条装饰

紫砂壶线条装饰的种类很多，各式各样的线条都必须用牛角或铁、木、竹制成的专用线尺进行加工，使线条挺拔清晰。这些线条通过转折和过渡，可使产品造型增加变化，显得庄重大方，并且可以增强成型时黏接处及边缘部分的应力，减少产品在烧成时的缺陷。紫砂壶常见的线条装饰有云肩线、子母线、凹凸线、灯草线、凹肩线、云水纹、抽角线、筋纹线等几种。

（1）云肩线。主要出现在紫砂壶的颈部，线条较薄，其与颈部的距离与壶腹的尺寸必须相呼应。

线圆壶

双线竹鼓壶

（2）子母线。是一组一粗一细的双线，又称文武线。用于紫砂壶的口盖组合和口沿处，一般上端的线较粗，下端的线较细。

（3）凹凸线及腰线。此类线条装饰主要出现在紫砂壶的腹部，用这类线条进行装饰，分别以线条的粗细、厚薄和宽窄来达到不同的艺术效果。其中腰线现今也称皮带线。

（4）灯草线。这种小圆线以状如灯草而得名。主要出现在紫砂壶的口沿或者底部，口沿的称为翻口线，底部的称为底线；可单独或成组应用在壶体、肩、腹，以增强整体造型的装饰效果。

长四方腰线壶

集玉提梁壶

（5）凹肩线。此为一种双曲线，用于紫砂壶肩部装饰。

（6）云水纹、菱纹和花瓣纹。这些纹线也属于一种花式的筋纹线，与筋纹线的不同处在于，这些线形的走向多为横向，且是起伏波动的弧线。

（7）抽角线和折角。主要出现在方器的面与面交接之处，具有藏锋避棱的作用，可柔和方器棱角感的视觉效果。

（8）筋纹线。也称筋囊线，这是一种垂直线条，可将紫砂壶形体分成若干等份。筋纹线的装饰，要随着壶体器形变化、线条深浅做相应的变化。

冰纹石瓢壶

汉方壶

◆ 刻画装饰

刻画装饰也是在制坯成形时就同时进行的，所采用的方式有印刻和划刻两种。

印刻装饰又叫“印纹装饰”，是将装饰纹样刻成阴文模板，用模板压印出突起花纹，此外印刻还可印文字。

划刻装饰俗称“刻字”“雕刻”，是指紫砂匠人在铅笔粗细的竹管里插入锋利的钢刀，在泥坯上雕刻文字和图形的装饰手段。划刻装饰又可分为刻底子和空刻两种：刻底子是指先用毛笔在坯体上书画，然后用刀依样镌刻；空刻则是由擅长书画的陶刻艺人，拿刀直接镌刻。划刻时，有的纹样刻好之后还要着色（颜料是用紫砂泥淘洗而成的细泥浆），使画面更具装饰效果。运刀方法有双入正刀法、单入侧刀法等近十种，题材有山水、人物、花鸟、博古等。

依照坯体的干湿程度及刻画手法来区分，有以下四种刻画方法：

（1）写泥刻款。在紫砂器坯体中尚含有20％的水分时，以圆钝的铁笔或竹刀进行刻写。

（2）湿泥刻款。紫砂器坯体接近干硬状态时，以锋利的钢刀进行陶刻。

（3）干坯刻款。紫砂器泥坯基本干燥后，以毛笔书绘字画墨稿，然后再用钢刀依笔画进行陶刻。

（4）描边剔泥刻款。先以细刀描出图案或字体的轮廓边缘，再以挑或点的手法剔去中间的部分。

三足匏瓜壶

◆ 泥绘装饰

泥绘装饰从清朝乾隆年间开始出现，道光年间最流行，但由于泥浆的黏附力差，泥绘图案易剥落，因此传世的精品较少。泥绘装饰起源于古代的漆器堆雕工艺，其手法是：用本色泥料或白泥、朱砂泥、乌泥等制成泥浆，用毛笔蘸泥浆，在尚有一定湿度的壶坯体上画花鸟或山水。因画面有一定的厚度，犹如薄浮雕，因而又叫“堆画”。泥绘的装饰题材，一种是风格布局相近的山水、花鸟、岩石、屋舍、树木、小舟、飞鸟等构成的画面，或者是吉祥喜庆的纹样；另一种是堆泥所构成的行书或篆字诗文，其布局亦效仿书画的布局结构，极为典雅而富有文艺气息。

福在眼前壶

茄段壶

茄段壶

泥绘的具体表现形式可以分为三种：第一种是和器身泥色不同的单色泥绘，通常采用白、黄、绿、黑等色泥装饰，和器物本身的胎色形成对比的视觉效果，如故宫博物院收藏的泥绘花盆；第二种是和器身泥色相同的单色泥绘，如故宫博物院收藏的六方茶叶罐及堆泥寿字莲荷纹壶；第三种是多色泥绘，如故宫博物院收藏的段泥笔筒上的泥绘，此种泥绘的工艺很繁复。

知音壶

◆ 印贴装饰

印贴装饰技法是一门需要具备灵巧的手工技艺的紫砂装饰技艺，这种技艺充分应用了紫砂胎的色泽和质感，巧妙构思，精心营造，极大地丰富了紫砂器的装饰之美，使得紫砂器除了表现抽象的方、圆线条等元素外，拥有了更加丰富的艺术创作内涵。

印贴装饰属于局部装饰，一般是将纹样的一个单元制成模具，用模印法制好装饰纹样泥片，再粘贴在紫砂壶坯上，使其具有一种结构严密、纹样精细统一的装饰效果。常见题材有竹节竹叶、梅花梅干、松针松枝、瓜果藤蔓、狮虎瑞兽等。

斗茶

斗茶，又叫“斗茗”“茗战”，就是评比茶的好坏，是古代文人雅士的一种“雅玩”。斗茶始于唐代，每年春季新茶制成后，茶农、茶客们就会针对新茶的优良次劣排名来进行比赛。斗茶有比技巧、斗输赢，富有趣味性和挑战性。紫砂壶因为具有很好的宜茶性，所以在斗茶过程中往往发挥着很大作用。

憨童壶

含蓉壶

海罩壶

四方如意壶

◆ 彩釉装饰

彩釉装饰起源于清代康熙年间，是从欧洲的一些国家流入我国的。最初的紫砂壶是施五彩，以后又出现珐琅彩、粉彩，统称为彩釉装饰。五彩、珐琅彩、粉彩都是易熔釉色料，制作时在紫砂壶成品上画花卉、山水、人物，再入红炉，二次烧成。乾隆粉彩紫砂壶非常精细，可与瓷器媲美，是釉彩装饰中质量最好的。

嘉庆、道光年间出现的蓝白彩装饰，以蓝釉为底色，用白釉作书法或绘画。另外还有点彩，是一种不施底色，用釉彩直接在壶体作绘画等装饰的釉彩装饰方法。还有一种釉彩装饰叫“炉均”，是在紫砂坯周身施满低温铅釉，烧成后，在匀净的天蓝色釉面中有细腻而致密的白毫，很有特色。清末民初时曾批量生产此种紫砂壶，常见的有炉均汉方壶、彩釉高汉扁壶、彩釉汉方壶等。

万紫千红壶

虚扁壶

◆ 描金装饰

描金装饰是先在描金的纹样处涂上一层底釉，用 750 ~ 800℃的温度烧成，再将瓷用金水在釉纹上描画，然后用稍低的温度再烧烤一次。制作描金紫砂壶大都由两个人合作完成，一个专门制壶，一个专攻书画，因此通常落款会署上两个名字，字画作者在字画后留名，制壶作者在壶底落款。描金紫砂壶的特点是壶坯看起来似有颗粒，但手感平滑，摸上去感觉温润细腻；常用竹节形、圆弧形等壶式，壶形优美典雅。由于工序繁杂、成本很高，因此清代紫砂描金的作品也不多。

楚汉风云壶

桑扁壶

线圆菱花壶

◆ 镶嵌装饰

紫砂镶嵌是借鉴铜器金银错工艺而形成的装饰技法。明清两朝是镶嵌装饰的鼎盛时期，这一时期的匠人运用翡翠、绿松石、青金石、珊瑚、玛瑙、象牙等各种天然材质对紫砂壶进行镶嵌，使其显示出一种华贵精致、富丽堂皇的装饰效果。这一方法是先在紫砂壶坯上刻阴纹，烧成后再嵌入金、银、铜等金属丝，锉平磨光后，朱紫色的壶身上会展现出金色或银色的精美纹样。紫砂壶上的镶嵌装饰包括金银丝镶嵌、色泥镶嵌、釉珠镶嵌、螺钿镶嵌、玉石镶嵌等。

仿清提梁壶

◆ 绞泥装饰

绞泥装饰是运用泥料本身色彩来进行调配的一种装饰手法，即将两种或多种不同泥料糅合在一起，通过对泥料厚薄的控制和绞扭手法，形成色调对比强烈的不规则线条，从而构成平面视觉效果强烈的装饰图案，如木理纹、花石纹、水波纹、蝴蝶纹、流云纹等，最后再通过窑烧成形。紫砂泥的几种泥色都比较含蓄，运用绞泥手法绞在一起显得非常协调。绞泥工艺起源于唐代，明代时开始运用到紫砂壶的装饰上，到了清代，绞泥装饰已经成为一种成熟的装饰手法了。

圆樱壶

汉君壶

玉乳壶

◆ 特殊装饰

雕漆装饰、雕玲珑、镶金边、包锡、包铜、抛光都是紫砂壶的特殊装饰技法，但这些技法只被个别紫砂壶匠人掌握，生产数量极少，人亡则艺绝，有较高的收藏价值。

（1）雕漆装饰。以紫砂壶为内胎，在紫砂壶表面堆几十道大漆，再用刻刀在漆层上剔刻出繁复精致的花纹图案。使用这些特殊装饰技法的紫砂壶主要是宫廷用品，民间很少见，极为珍贵。

（2）雕玲珑。在壶的外围做一圈透雕装饰，玲珑剔透，十分精致。

（3）镶金边。在壶的口沿、嘴的流口、底的边缘、盖的周边及钮等部位，以黄金薄片包镶，富丽辉煌。也有用铜片包镶的，这是仿漆器金银扣的做法。

（4）包锡。锡器包玉壶，是清代朱坚所创制。壶外周以锡片包镶，再在锡片上刻画诗文绘画，嘴口、盖钮及壶把均用玉镶接，器成之后高雅别致，是一种有特色的装饰方法，但这种技法在朱坚去世后就失传了。

梦圆壶

（5）包铜。清代后期，山东威海卫生产包铜紫砂壶，匠人将壶身用透雕纹样的铜片包镶起来，纹样有蝙蝠、龙、寿字等，紫砂壶的口沿、盖周缘也用铜片包镶。

（6）抛光。紫砂壶烧成后，用磨料将紫砂壶表面打磨平整，再用抛光剂和毡轮对器表进行抛光处理，使其产生玻璃光泽，表面光可照人。

共饮合作壶

第四章

紫砂壶的品评与选购

紫砂壶的品评

紫砂壶的品评要关注三个方面的因素：形态结构的美观、制作技巧的精致和优良的实用功能。这里说的形态结构主要包括壶的嘴、把、盖、钮、脚，这些部分都应该和壶身保持恰当的比例。制作的技艺则关系着壶艺的优劣，这其中还包括火候的控制等。除此之外，还必须考虑实用的性能，在容积和重量已经处理好的前提下，要便于执握，壶盖和壶身还要合缝，壶嘴的出水要顺畅，另外在图案上也要典雅脱俗。

那些高质量的紫砂壶，优先考虑的内容就是造型的完整。通常来说，线条要清楚明晰，另外还要棱角分明，注意使壶嘴、壶身和壶把的中心在一条直线上。另外，如果把壶倒置在桌子上，壶嘴、口沿、壶把的上沿必须在一个平面上。除此之外，还要细细观察出水是否流畅，注意壶的底座如何，印章、款识是否清晰。

对于紫砂壶艺的审美，综合说来包括形、神、气、态四个要素。形也就是形式美，包含作品的外轮廓；神是作品的神韵，必须是能够让人体验到的东西；气则属于气质，紫砂壶的内涵如何、整体的色泽协调效果怎样都要考虑；态则包括形态，在评论标准方面则包括高、低、肥、瘦、刚、柔、方、圆等姿态。只有把这些形态把握好，作品才能更完美。这个时候还要区分“理”和“趣”两个方面。壶艺爱好者不应该计较壶的容积大小，以及嘴的曲直如何、盖的宜盎宜平、身段的宜高宜矮，这属于知理而无趣。艺术的欣赏应该兼顾理和趣，只有保持这样的审美态度，才能对紫砂壶做出中肯的评价，这样的评价也才能得到其他人的认可。

思婷壶

规格：400cc

材质：紫砂泥

紫砂壶同时也是一件实用的工艺美术品，因此注重实用性是必须的，使用时能够让人感到舒适，也可以提升对这件事物的热爱。另外，我们还应该按照自己的饮茶习惯和风俗，来整体考虑壶体的容量、出水的流畅程度、执握是否省力等。

当我们对一件紫砂作品进行优劣鉴赏时，需要考虑的问题可以简单概括为："泥、形、工、款、功"。前面四个方面属于艺术标准，"功"则是功用标准，具体说来就是：

一是"泥"。紫砂壶名满天下，我们都知道紫砂壶制作工艺的高超，可是同样不能忽视原材料——紫砂泥的优越性。从论述陶瓷的一些近代专著中可以看到这样的分析：紫砂原材料含有氧化铁。但是全国范围内含有氧化铁的泥不知道有多少，可是其他地方就没有出现紫砂，只有紫泥，这说明只有氧化铁是不够的，还应该注重紫砂的"砂"。通过科学分析，我们发现紫砂泥的分子结构和其他泥区别明显，即使同是紫砂泥，在结构上也有细微的差别。原材料不同，制作出来的成品也必然不同。功能效用好的则质优，不然则质差；五官能感受好的则质优，反之则质差。所以，当我们评价紫砂壶优劣时，得先看泥的优劣。

泥色上面同样有分别，大致可以分为黑泥、深紫泥（俗称“拼紫”）、浅紫泥（俗称“普紫”）、红泥、米黄泥、绿泥六种。两种泥料进行混合或者加入化工呈色剂，还能够制造出其他泥色。近些年来出现的冻梨泥色、墨绿泥色、古铜泥色就是这样产生的。

不过总体来说，泥色的变化，改变的仅仅是人的视觉感受，其在功用和手感上并没有什么差异。紫砂壶本身具有很强的实用性，只有通过不断地抚摸，感觉才会越来越好，最终达到赏玩的目的，也正因为这样，表面的感觉比泥色更重要。另外，紫砂与其他陶泥还有一个显著的不同就是手感。对于熟悉紫砂的人，即使不用看，单靠摸也能够鉴别出紫砂与非紫砂：那些非紫砂的物品手感类似于玻璃质器物，非常粘手；而我们抚摸紫砂器物时的感觉就像摸豆沙，有一种细而不腻的感觉。所以，评价一把紫砂壶，壶质表的手感是十分重要的。近年来时兴的铺砂壶，正是强调这种手感的产物。

玉乳壶

规格：400cc

材质：紫砂泥

玉碗壶

规格：500 cc

材质：紫砂泥

（正）

（背）

用怎样的办法才能使紫砂泥的性能变得更好呢？人们在长时间的生产实践中发现，手工方法炼的紫砂泥相比于工业生产的紫砂泥，不但更可以体现紫砂的本性，而且还多了一些人情味。也正因为如此，近些年来许多制壶大家开始放弃工业化做法，转而使用手工作坊。这其中比较杰出的代表就是有着“壶艺魔术师”之称的吕尧臣。吕大师十分重视紫砂泥的质量，当别的紫砂工艺厂以吨为单位购进泥料的时候，他仅一两一斤地购进。对于质量特别好的泥，他总是不惜重金、不在意陈腐较长的时间。吕大师对于炼制的工序也很讲究，这让很多工艺师都赞叹：吕尧臣把“好泥”都垄断了。因为这样，目前紫砂壶的原材料中最好的泥料就莫过于“尧臣壶”的原料了，它的特点概括起来就是“色不艳、质不腻”，也正因为如此，其紫砂壶的价格不断上涨。

二是“形”。紫砂壶的造型可以说是各类器皿中最丰富的，甚至有一种说法叫“方非一式，圆不一相”。对于这些造型的评价，可以说是“仁者见仁，智者见智”，艺术的社会功能就是要满足人们的需要，去契合各种各样的人不同的心理需要：有的人喜欢大度，有的人喜欢清秀，有的人偏爱古拙，有的人则喜欢趣味，人各有爱，这都不能强求。不过综合市面上人们的一些爱好，我们发现：一般认为紫砂壶古拙最佳，大度的次一些，清秀的就更次一些，趣味的再次一些。为何会如此？这是因为紫砂壶属于茶文化的一部分，紫砂壶的意境也暗合茶道所追求的意境。茶道追求的意境是“淡泊平和，超世脱俗”，而古拙与此最为融洽，所以古拙最佳。

四方桥顶壶

规格：400cc

材质：紫砂泥

很多制壶艺人都深谙此理，因此他们大多去模仿古拙，然而最终的效果往往是东施效颦，把自己作品的可爱之处也给丢掉了。艺术品可以表露制作者的心境，也能够体现个人的修养结果，简单模仿是不可行的。

我们可以结合那些遗留下来的传统造型的紫砂壶进行分析，比如说石铫、井栏、僧帽、掇球、茄段、孤菱、梅椿、仿古等，这些作品经过时间的筛选，哪怕用今天的眼光来看，依旧闪烁发光。当现代艺人进行临摹时，最终的成品同样是各不相同的。比如说石铫壶的仿造，据不完全统计，有一百多种，原因是古今艺人都把各自不同的审美情趣融进了作品之中。

香玉壶

规格：500cc
材质：紫砂泥

茄段壶

规格：500cc
材质：紫砂泥

紫砂壶的肌理效果

调砂：是指在紫砂泥里掺入适量的颗粒状的缸砂，可形成“梨皮”“鲨鱼皮”“满天星”等效果。

铺砂：是将处理好的缸砂或紫砂泥矿砂撒置在紫砂泥片的表面，再敲打平整，使砂砾嵌入泥片的表层之内，经烧成后，掺入的沙粒与泥片会形成不同的颜色和肌理效果，增加紫砂陶的装饰美感。

绞泥：将不同颜色的泥料叠放在一起，控制泥料的厚薄和绞扭手法，使泥料表面形成似木纹、石纹、云水等自然纹理。

抛光：紫砂壶烧成后，用磨料将紫砂壶表面进行抛光处理，使其产生玻璃体光泽。

尧臣壶

规格：350cc

材质：紫砂泥

（正）

（背）

汉掇壶

规格：400cc

材质：紫砂泥

说起“形”，人们就经常把“形”与紫砂壶艺的流派联系在一起，说紫砂壶的流派分“筋囊”“花货”“光货”等，这种分类是不准确的。因为即使同是花货，其体现的也是不同的追求和艺术取向。艺术家的艺术作品一旦成熟，其作品肯定具有鲜明的个人风格，这种类似风格的人相聚在一起，才能最终形成流派。根据这个道理，紫砂壶艺的流派不宜以哪类作品来划分，划分的标准应该是作者所追求的精神境界。

艺术注重的是“感觉”。评价紫砂壶造型的好坏当然也只能靠个人的感觉。制作紫砂壶讲究“等样”“等势”，这种说法类似于造型学中说到的“均衡”。当然面对高深的理论时，还是意会即可。俗话说：“只可意会，不可言传。”艺术感觉，全靠心的共鸣、心的理解，这就好像“心有灵犀一点通”的感觉一样。

三是“工”。中国艺术有众多相通之处，比如说京剧的舞蹈动作和国画的大写意都具有豪放的风格；京剧唱段与国画工笔也都带有严谨的感觉。紫砂壶成型的工艺与京剧唱段、国画工笔技法一样，也有着异曲同工之妙，都是十分严谨的。

点、线、面是构造三维立体物品的基础点，制作紫砂壶的形体同样如此，当我们制作紫砂壶时，不能忽视的内容也在于此。面，须光则光，须毛则毛；线，须直则直，须曲则曲；点，须方则方，须圆则圆，细节上不能有任何妥协。细节做不好，那肯定成就不了一把好壶。紫砂壶的成型工艺非常特别，其中要求壶嘴与壶要呈一条绝对直线，同时保证分量的均衡；壶口与壶盖结合要严谨，这也是“工”的要求。

四是“款”。就是壶的款识。一般紫砂的壶款包括两个方面：一方面说的内容就是壶的作者或者说题词镌铭的作者；另一方面的意思则包括题词的内容（文学）、镌刻的书画，另外还有印款（金石篆刻）。紫砂壶的装饰体现着中国的传统艺术，结合了诗、书、画、印四个方面的特点。紫砂壶可供观赏的地方，除了泥色、造型、制作的工艺手法外，还应该包括文学、书法、绘画、金石等多个方面，这些内容也都能给我们带来不同的享受。

紫砂壶多数情况下都是因人来定价的，名家名壶的价值肯定非常高。在商品社会里这种情况更突出，也正因为这样，市场上肯定会出现众多模仿名家的作品，那些伪造的赝品更是屡见不鲜，所以在选购的时候必须小心谨慎。

五是“功”。所谓的“功”就是指壶的功能。长久以来，紫砂壶的新品不断推出，以至于让人目不暇接。制壶人如果只注重形式美，就很容易忽视其功能的作用。有些制壶人本身不饮茶，更不了解饮茶的习惯，这也影响了紫砂壶的功能性，最终使壶出现“中看不中用”的情况。

紫砂壶在功能上的美感主要包括：①容量适度；②高矮得当；③口盖严谨；④出水流畅。一般情况下，我国南方地区的人们（包括港澳台）的饮茶习惯，大多是二至五人会饮，故容量 350 毫升为最佳，这一容量刚好是 4 杯左右，只需要一只手就能完成这些工作，因此称为“一手壶”。

剑鞘壶

规格：550cc

材质：本山团泥

情深得意壶

规格：400cc

材质：清水泥

紫砂壶的壶身高矮都有其对应的优劣点。高壶口小，宜泡红茶；矮壶口大，宜泡绿茶。但是这个高度必须要控制好，因为太高了可能丧失茶的味道，太矮了则茶可能从口盖中溢出，这都是不利的。因此对壶的口盖要求绝对不能马虎，要使冲壶水不致落入壶内，这看似与功能美学关系不大，实际是为讲究卫生而提。上面所提到的这些内容都属于紫砂壶的功用标准。

紫砂壶的选购

选购标准

紫砂壶不仅是一件可以赏玩的艺术品，还是一种功能性很强的实用品。随着紫砂泥的日益稀少，紫砂壶也日益昂贵起来。如何挑选到一把品质好的紫砂壶成了很多收藏者的难题。

在选购紫砂壶时，不妨就以下几点加以斟酌：

（1）造型与外观。每个人对美感的欣赏角度各有不同，对于壶的造型和外观，依个人喜好，只要自己看得舒服满意就好了。

纳福一粒珠壶

规格：350cc

材质：紫砂泥

大享掇只壶

规格：420cc

材质：紫砂泥

掇球壶

规格：400cc

材质：紫砂泥

（2）质地。主要是看胎骨及色泽，胎骨要坚，色泽要润。选用新壶，可先轻拨壶盖，以音响铿锵轻扬、壶声悦耳者为佳。

（3）味道。壶中之味，应注意闻闻。一般新壶可能会略带土味，可以选用。但若带火烧味或其他杂味，如油味或人工色味则不可取。

（4）精密度。即壶盖与壶身的紧密程度要好，否则茶香易散，不能蕴味。测定方法是注水入壶，手压气孔和流口，再倾壶，涓滴不出说明其精密度高。

（5）出水。壶的出水效果跟水流的设计最有关系。倾壶倒水，能使壶中滴水不存者为佳，出水水束的“集束段”长者为佳。

（6）重心。一把壶提起来是否顺手，除了与壶把设计的弯度及粗细有关外，也应该注意到壶把的力点是否位于（或接近于）壶身受水时的重心，测定方法是注水入壶约四分之三，然后慢慢倾壶倒水，顺手者为佳，反之则不佳。

（7）适用。壶的特性与茶的特性相配合，则适用性更佳。紫砂壶宜茶，一般是壶音频率较高者，适宜配泡香气重的茶叶，如清茶；反之，壶音稍低者较宜配泡滋味重的茶，如乌龙、铁观音。

寿桃壶

规格：500cc

材质：紫砂泥

第五章

紫砂壶的收藏和保养

紫砂壶的市场行情

目前，紫砂壶已和中国几千年的茶文化联系在一起，成为受人青睐的国粹。收藏茗壶成了人们精神上的一种享受。许多人竞相高价收购珍藏，一些茗壶甚至出现“一两紫砂一两黄金”的身价。

紫砂壶有文物价值、历史价值、经济价值、文化价值、工艺价值等，并不是一两句话就能说清楚紫砂价值。许多热心的紫砂爱好者对这些方面的问题很关心，这是可以理解的，亦是很正常的。就像有些朋友特别关心其经济价值，总想具体地知道某个茶壶到底“值多少钱”。

渊源壶

规格：350cc

材质：紫砂泥

三足鼎立壶

规格：400cc

材质：紫砂泥

四方石瓢壶

规格：400cc

材质：底槽清

从20世纪80年代初开始，一些造型特殊、工艺精湛的紫砂壶逐渐变成了高档收藏品。尤其是由当代名家制作的紫砂壶，在市场上备受青睐，价格暴涨。2011年，中国嘉德国际拍卖有限公司的春拍上，一把顾景舟制、吴湖帆书画的相明石瓢壶最终以1232万元的价格成交，创造了紫砂壶拍品的价格新纪录。

不过近年来，紫砂收藏热已渐渐地"退烧"了，虽然也有一些高价拍出，但大都回归正常。目前国家级大师的一般作品价格在1万元左右，精品在数万元左右。

由于一些明清时期的古壶升值的空间很大，所以不仅是专家，就连许多收藏者也认为紫砂壶越"老"越好，因此他们把自己的收藏目标锁定在古壶、老壶上。但是，在明清紫砂壶中，只有很少一部分是名家之作，而且大多已是博物馆藏品，极少能在艺术品拍卖市场上见到，那些能在艺术品拍卖市场上见到的大多是仿制品。所以，年代久远并不应是收藏紫砂壶的唯一标准。

志在四方壶

规格：360cc

材质：红皮龙

对于一些刚开始收藏紫砂壶的壶友来说，可以选择当代的一些名家作品。收藏此种作品可从以下 4 类入手：

（1）国家级紫砂壶艺术大师的作品。国家级大师的艺术造诣较高，所创作的大都是精品，因而他们的作品很具有收藏价值。当然，这些大师每年最多制作二三十件，因此数量不多。

（2）具有当代陶艺观念的名家作品。从 20 世纪 80 年代起，受当代陶艺影响，一些在艺术院校学习和深造的紫砂传人开始创作具有当代时尚风格的紫砂作品。这些陶艺名家的作品每件价格一般数千元，也比较有收藏价值。

（3）具有升值潜力的陶艺师的作品。现在市场上有很大一部分的紫砂壶价格为数百元，制壶者大都是助理工艺师。这些工艺师具有很高的发展潜力，随着他们技艺的增长，若干年后当他们成为“高级工艺师”时，其作品一定会升值。

（4）留有著名书画家“墨宝”的作品。紫砂壶收藏也有“名人效应”，如果紫砂壶上刻有名人的墨宝——当然要确定是真迹——那么就很珍贵了，非常值得收藏。

父子"大生"

紫砂壶史上的父子"大生"指的是范生大和范大生。

范生大，江苏宜兴人，紫砂壶制壶名家，他所制作的四方隐角竹顶壶，做工十分精细，壶身还有陈少亭书刻"扫雪开松径，疏泉过竹林"。范大生，范生大之子，紫砂名家范鼎甫的徒弟。他所制作的紫砂壶风格浑厚，比如他的六瓣合菱壶，壶身上中下三组的如意菱花，菱纹交错，盖可转换匹配，技艺精巧，筋纹浑朴圆润。范生大与其子范大生同用一个印款"大生"，而且范大生的儿子也沿用"大生"印款。三代人均用"大生"印款数十年，故留下不少的"大生"作品。

壶道壶

规格：300cc

材质：豆青泥、黑泥

收藏紫砂壶的注意事项

紫砂壶不仅能带给人视觉上的享受，而且更因为其制作原料的极度缺乏、成品的唯一性和艺术性所带来的升值和投资空间，使得紫砂壶市场越来越火爆。紫砂壶收藏与投资的知识是一门学问，所以只有掌握了紫砂壶的相关知识，入了门，才能如鱼得水，避免一些不必要的损失。

抽角四方传炉壶

规格：320cc

材质：桂花泥

圆润壶

规格：450cc

材质：绞泥

金线龟壶

规格：400cc

材质：绞泥

紫砂壶收藏是民间收藏的一大项，其收藏与投资行为古已有之，但在明清时期主要还是以收藏为主。进入 20 世纪 70 年代，紫砂壶的投资价值受到市场人士青睐，尤其是 20 世纪 80 年代，中华大地曾刮起一阵炒作紫砂壶的旋风，一些当代烧制的平淡作品一夜之间身价百倍，令人难以理解。之后，随着大量仿制品的出现，一度供不应求的局面发生了转变。到 20 世纪 90 年代，紫砂壶收藏投资热不断降温，使得脱离实际价值的紫砂壶价格出现了价值回归，紫砂壶收藏投资由此进入了相对低迷阶段。近几年来，紫砂壶收藏投资热已经慢慢复苏，投资者不妨从现在开始关注紫砂壶收藏市场的走势，熟悉其收藏与投资门道。

对于广大收藏爱好者来讲，在投资收藏紫砂壶时，应该注意哪些问题呢？

（1）关于紫砂泥。很多壶友都知道紫砂壶有很好的宜茶性，这是跟其原料紫砂泥有关。紫砂泥吸水率高，所以具有很好的透气性，但是很多壶友并不知道如何鉴别紫砂泥料，他们只知道是一种名叫“紫砂”的泥配制出来的。

筋囊西施壶

规格：250cc

材质：紫砂泥

紫砂壶的包浆

包浆，其实就是光泽，但不是普通的光泽。器物经过长年累月之后，才会在表面上形成这样一层自然的光泽，这就是包浆。包浆是随着岁月的流逝运动慢慢被打磨出来的，那层光泽异常含蓄温润，若不仔细观察则难以分辨。紫砂壶包浆毫不张扬，让人倍感亲切，有如古之君子，谦谦和蔼，与其接触总能感觉到如沐春风。崭新的器物，表面是不会有“包浆”的，其上的光泽，锋芒毕露，和自然包浆是无法相提并论的。

其实，紫砂泥料有很多种，需要各位壶友认真学习相关知识，做到知其然而且知其所以然。

（2）关于老壶。很多收藏投资者认为紫砂壶越老越值钱，所以专门收藏旧壶、老壶。但是，这些老壶要么在博物馆内，要么被私人收藏，市面上根本见不到，就算是有，大部分也是一些不法商人为了牟取暴利而造的假壶。市面上有两种常见的造假壶：一是将泥料的表面做旧，方法是擦皮鞋油，做成像是被经常手摸的样子，看上去有一定的古旧感，或者直接用强酸腐蚀做旧；二是把水泥涂在紫砂壶上，然后放入水中浸泡，做成出土后的效果。所以，收藏投资者在购买紫砂壶时，并非一定要选择老壶，其实，有些新壶也有很高的收藏价值。

（3）关于颜色。天然的紫砂泥料有红泥、紫泥、绿泥、天青泥、调沙泥等，其色泽多达几十种，非常奇妙。如本山绿泥多呈米黄色，还有天青泥，堪称泥中黄金，出矿时呈绿颜色，十分难得。现在有不少制壶者为了满足人们的观赏需求，在陶土里随意添加化学原料，使壶体的色彩艳丽、光泽诱人，但泡茶后就会有异味，故其价值反而不高。

紫砂壶的真假鉴定

作伪手段

在经历了时代的变迁后，那些流传下来的紫砂名壶更是成了饱含历史信息的珍贵文物，国内外博物馆及收藏家也都在寻找这类文物。明朝名家制作的茗壶，在清朝初年都已经是很珍贵的东西了；清朝初年的名家之作，流传到清末时数量也十分稀少了。在这样的前提下，为了满足一些人群的需求，紫砂壶市场上的赝品开始出现。

禅钟壶

规格：400cc

材质：本山团泥

历史上对紫砂壶的仿造，已经有很久的历史了。最早在明朝时期，历史文献中就曾有时大彬“仿供春得手”的记载，流传下来的作品就包括“仿供春龙带壶”，这也是时大彬仿造供春壶的真实记录。时大彬出名后，仿制大彬壶的人也开始大量涌现，在文献中还曾经记录有“李大瓶，时大名”的内容，这从一个侧面说明大彬壶也可能是李仲芳制作的，大彬只是“见赏而自署款识”。制壶名家陈信卿，更是擅长模仿时大彬、李茂林的传世作品，文献记载中同样说陈信卿还“多削改弟子作品而署款”。由此我们可以推断：制壶名家的作品，很多都是其弟子制作的。

六方石瓢壶

规格：350cc

材质：老紫泥

筋囊仿古壶

规格：450cc

材质：紫砂泥

仿古壶

规格：500cc

材质：紫砂泥

清朝时期曾经有个制壶名家叫杨彭年，他的女儿叫杨莲凤，杨莲凤制作的茗壶基本上都是用其父亲的印章，因而很少见莲凤印记的壶艺作品。民国早期，制壶名家程寿珍的儿子程盘根在制作茗壶的时候落款也都是使用他父亲的印章，尤其是那枚刻有“八十二老人作此茗壶，巴拿马和国货物品展览会曾获优奖”字样的印章，在程寿珍逝世后也是程盘根在一直保管和使用的。

除此之外，现代的紫砂行业中徒弟做壶使用师傅的印章，儿子、儿媳及女儿、女婿使用父母亲印章的情况也是有的，由此可见，其他人作假的情况就更可以推测得知了。

那些流传下来的紫砂古壶，在鉴定环节上非常复杂，对于这种商品收藏者要分清真假，需要具备一些鉴别常识。紫砂茗壶的鉴识，一方面要做到知真，另外还得辨假；如不能知假，也就难以辨真。在此之前，我们得先了解一下紫砂茗壶作伪的各种情况，然后再进行具体分析。

传炉壶

规格：400cc

材质：紫砂泥

石瓢壶

规格：350cc

材质：清水泥

紫砂壶艺的仿古作伪可追溯到19世纪中叶和20世纪初期，这一时期曾多次出现模仿古代名家名壶的热潮，一般包括以下三种作伪方法：一是针对那些传世的名壶通过模仿制作赝品；二是依据古籍中记录的紫砂壶的名字进行臆测，然后通过工匠的构思设计进行制作；三是将一些品位高雅、工艺精致的无款紫砂茗壶补刻上一些历史名家的款识或伪仿印章加戳于壶上。

一般第一种情况的仿制者在制壶手艺上都属于高手，制作出来的壶在技艺和泥色等方面都要远远超过历史原作，如果把赝品和原作进行对比，就能明显看出仿品的水平之高。虽然价值上仿品比真迹差一些，但随着时间的沉淀，某些作品的价值也可能会超过原作。这类仿制品应该说是最好的。不过如果对杰出大家，例如项不损、陈鸣远、邵大亨等名家的旷代佳作进行仿制，工艺上虽然是没什么问题的，可是神韵上就会差很远。这类作品流传至今，价值已然不菲，所以它应当与现代假冒伪造的赝品有很大的区别。

第二种则属于近年来出现的，利用图谱进行仿造的低劣产品。一般这种造假者虽有一方面的优势，可是在整体风格和韵致上并不和谐，因此制作出来的茗壶并没有什么神韵，更难做到像原品形、神、气、态的那种和谐。针对这种作伪方式，那些有点紫砂壶艺常识的人，基本上都能辨识出来。

第三种是假冒名家的赝品。辨识这类壶，只要了解名家名作的壶艺风格、形制、技巧手法、艺术特点和款识形式，就能够轻松看穿赝品。因此，凡遇名家名壶，千万要小心辨识。

井栏壶

规格：500cc

材质：紫砂泥

鸣远传炉壶

规格：450cc

材质：紫砂泥

紫砂茗壶中需判别的主要对象，就是那些传世名壶以及当代名人的作品。一般说来，明清时期紫砂茗壶的真假最为难辨，因为这两个时期制壶的技艺本身已经非常成熟。对于紫砂茗壶的作假方式肯定有很多，总结下来包括三类：一是彻底地、完全地作假；二是新壶做旧；三是代做的紫砂茗壶。其中代做的茗壶虽然是假的，可是和前两种作假方式也是不同的。

完全作假的紫砂壶中有一类作品，因为作伪者没有见过真品，只知道原作者的名字，并不熟悉他的制壶风格，且作伪者和名人所处的时代也相隔较远，故这种赝品的特点非常明显：一些赝品的制作技艺非常高超，另一些赝品的制作手段可能就非常拙劣。比如说仿时大彬的伪品，基本上可以分成三个时期：

（正）

双环壶

规格：550cc

材质：紫砂泥

（背）

匏瓜提梁壶

规格：450cc

材质：紫砂泥

（1）由明末的紫砂匠人进行仿制的，赝品的壶体造型和壶上的书体款识都比较接近时大彬的风格，这种情况比较难辨别；

（2）清朝中期的伪品。这一时期作伪者的制壶技艺非常高，但是在壶上不会出现时大彬的印章款识，和真品特色相差较远，容易鉴别；

（3）清末和民国时期的伪品。这时期作伪者的壶艺制作手法普通，另外还常带有清中期的伪品遗风：在壶底或壶盖上也均会出现印章落款，辨别比较容易。因为大彬壶的刻款和印章是不可能同时出现的。

时大彬

时大彬（1573—1648 年），明万历至清顺治年间人，是著名的紫砂“四大家”之一时朋的儿子。他在紫砂的泥料配制、成型技法、造型设计与铭刻方面都取得了卓越的成就，确立了至今仍被紫砂业沿袭的用泥片和镶接那种凭空成型的高难度技术体系。

辨伪方法

紫砂壶作品历来良莠不齐，一些新手在接触这方面知识时对于收藏肯定经常带有疑惑，他们在购买和收藏古旧紫砂壶时，稍有不慎便可能上当受骗。也因为这样，我们要明白相关的知识，掌握紫砂壶的鉴定方法，这对收藏和购买紫砂壶的帮助是很大的。

（1）不同时期使用的泥料不同，这对作品的鉴定很有帮助：紫砂陶器以紫砂土作为原料，可是不同时期的紫砂土，在地层、炼制工艺、加工器具方面都是不同的。因此，明白不同时代的泥料和制作特征，对于鉴别紫砂壶作品的帮助还是很大的。

西施壶

规格：250cc

材质：紫砂泥

共鸣壶

规格：200cc

材质：紫砂泥

六方金杯壶

规格：730cc

材质：紫砂泥

（2）不同时代、不同作者的制作风格也是不同的：不同历史时期拥有不同的审美标准，而且作者自身的文化艺术修养和作品的服务对象也是不一样的，所以对于美的理解和表现肯定也会不相同，且差异性还可能非常大。只有知道了具体的特点，再进行真伪鉴别才会更容易。

（3）每一位作者在作品中都会展现出与众不同的精神和气质：每一位作者所受的教育，以及自身修养、性格禀赋都是不同的，这些内容都会给作品增添不一样的精神和气质，因此，赝品即使可能在工艺和技巧上超过被模仿者，但原作的精神、气质却无法被仿制，这个判断方法在紫砂茗壶的鉴定中非常重要。

（4）根据作者在进行创作时，所展现出来的不同工艺和技法也可以判断。一般区别包括个人习惯、时代特征。

（5）依据印章和款识来鉴定。这种鉴定方法虽然在过去非常实用，可是现在人们发现这种方法最不可靠，所以印章、名款的鉴定可以作为一种辅助手段来利用。明代的制壶者多用楷书刻款，但是从陈仲美开始都使用印章作款，清朝沿用了这种方法，这些情况可以作为判断的依据。此外，如题款、印款在壶上的位置等，不同的时代都有各自的特征，不同作者又都有其各自的习惯，这些内容也可以作为鉴定作品真伪的重要依据。

雄风提梁壶

规格：850cc

材质：紫砂泥

（6）感受书画、铭刻的技法和神韵。一般说来，壶身上有书画和铭文的赝品更容易出现破绽。因为一般作假者模仿这些书画作品时，对作品本身并不是十分了解，进行仿造的时候更做不到直抒胸臆，所以在下笔和运刀时难免有犹豫不决和神韵难继的情况出现。收藏者在经过仔细观察，然后对比原作者其他作品的特征，便可做到科学辨识。不同时代的作品在刻画特征上也是有区别的，比如：明朝基本上是先在壶上用毛笔写字，之后采用双刀正入之法进行铭刻，刻画的字笔画清晰，刀口则是双面，因而字的笔画在两侧都是光滑的；清朝之后大多使用单刀侧入法刻画，字的笔画一面光，一面糙。

（7）分析泥料中所含的矿物质及其化学成分。不同时代的紫砂成分有所不同，用现代科学手段进行分析，可以准确地判断出作品的年代，进而判断真伪。不过这种方式比较繁琐，鉴定的花费也很大。

（8）使用特征上的不同。紫砂壶最初的用途是烧水，因此壶的茶孔都是单孔，后来也主要沿用了这种设计。到了 19 世纪中期才出现了多孔的形式，而出水网眼的（形状类似半只高尔夫球）设计则是在 20 世纪 70 年代从日本传入我国的，这也可以作为鉴别的一个辅助条件。总之，要结合一个作者和他的作品所处年代的种种特性，包括与制壶有关的一切直接和间接的关系来鉴别真伪，这样才能做到不“走眼”。

紫砂壶的使用

泡茶前

购买到一把好壶后并不能直接使用，需要经过简单处理后方可使用。如果处理不当，不但会影响壶的使用寿命，还会影响以后泡茶的效果。

具体方法可分为醒壶、浸润、风干等三个步骤。

玉笠壶

规格：550cc

材质：紫砂泥

（1）醒壶。通过热水的吸附和热力作用将壶的孔径拉开，具体方法是：先用清水将壶的表面与内部冲洗干净；然后准备一口干净的锅，将紫砂壶放入锅内，加水至没过壶体，开火蒸煮，待水开时改为慢火煮 40~60 分钟左右后熄火，使之自然冷却。注意一定要让其自然冷却，千万不能用冷水冲洗，以免紫砂壶的孔径收缩，前功尽弃。还有一点是，蒸煮时用的水必须是纯净水，不能用自来水，因为自来水的硬度较大、碳酸钙的含量偏高，长时间的蒸煮会把碱性物质留在壶的里里外外，像挂了层白霜一样，清洗起来比较困难。

（2）浸润。取一些茶叶放入紫砂壶内，大约放置壶身 1/3 的量，注入开水、盖盖，然后再用开水淋洗壶身，最好静置 6 ~ 8 小时。

（3）风干。清空茶壶，并用纯净水清洗；在通风处放置一块干净的毛巾，把紫砂壶倒扣在上面即可。倒扣紫砂壶是因为这样侧把和壶口不在一个面上，因此有空气流入，同时不会有积水残留壶内。

大彬提梁壶

规格：550cc

材质：紫砂泥

雨露壶

规格：320cc

材质：清水泥

八方招福壶

规格：550cc

材质：紫砂泥

泡茶时

紫砂壶具有宜茶性能，在冲泡茶叶时要格外讲究。使用前要先掌握正确的使用方法，在使用时一定要小心谨慎，并经常保养，不能认为只要避免磨损破碎就行了，而是要让紫砂壶越用越好，若使用不正确，就会影响紫砂壶的壶性和功能。

在广东、福建、台湾、四川、贵州、云南等饮茶之风盛行的地方，人们用紫砂壶泡茶时，都要先进行温壶、温茶、温杯等一系列程序。这一系列程序主要是对茶壶、茶叶、茶杯进行“提温”，从而获得较好的口感。

（1）温壶。是指在放茶叶之前，要先用热水冲洗一下紫砂壶，主要是为了防止冰冷的紫砂壶吸收水的热量，降低水的温度，影响口感。具体方法是：将烧热的水在距壶 10~15 厘米高的位置以绕倒的方式注入紫砂壶中，约八分满，注意水柱不宜太粗。最后盖上壶盖约 1 分钟即可。

石瓢壶

规格：400cc

材质：本山团泥

华颖壶

规格：400cc

材质：紫砂泥

竹报平安壶

规格：400cc

材质：紫砂泥

（2）温茶。指在泡茶之前加热一下茶叶，目的有两个：一是鉴别茶叶的好坏，二是避免茶叶吸收水的热量。常用的有两种方法：一是温壶后立刻放入茶叶，盖盖闷约1分钟即可，这种方法适合于鲜嫩的轻焙火茶。二是温壶后，先放入茶叶，然后注入开水，冲水方法为绕倒，水将茶叶打湿后即盖上壶盖，并马上将水倒出。这样茶叶也能够吸收热量与水分，达到温茶的目的。这种方法适用于焙火稍重或陈年的老茶。

（3）温杯。指让茶杯提温，目的有两个：一是避免茶杯吸收茶水的热量，导致茶水短时间变凉，影响口感；二是端起杯子品茶时，手与嘴唇能感受到较舒适的温摩。这个程序比较简单，方法也比较简单，将热水冲进杯中稍待片刻再倒出即可。

泡茶后

爱壶的人都知道，紫砂壶使用久了以后，就算不放茶叶，直接注入开水也能释放出茶香来。因此，很多壶友泡完茶后不爱清洗紫砂壶，将这称之为“养壶”，这是不正确的方法。科学研究证明，附着在紫砂壶内壁的茶渍含有重金属，时间长了会对人体有害，所以专家建议各位壶友在饮用完茶水以后尽量将紫砂壶里的茶渍清洗干净，具体方法如下：

一粒珠提梁壶

规格：450cc

材质：红皮龙

鱼化龙壶

规格：200cc

材质：紫砂泥

紫砂壶的容量

紫砂壶的大小一般是根据其容量判别的：200cc 以下的壶是小品壶，中品一般指 200~400cc，400cc 以上的就属于大品系列了。按目前大多饮茶者的习惯而言，容量在 200~350cc 的茶壶是比较适宜的，其容量大约为四杯，一手能抓起，一手能把玩，故被称为“一手壶”。

（1）清洗。泡完茶后，切忌用留存茶渣或茶汤在壶内的方法养壶，应马上清除壶内茶渣，用热水冲洗干净壶身内外，以保持紫砂壶的卫生。

（2）谨记。切忌用肥皂或清洁剂清洗紫砂壶，因为它们都属于化学制剂，会在壶上留下异味。

（3）擦拭。清洗完毕后，需要使用干净的棉布擦拭紫砂壶，以免壶身留下难看的水渍或茶垢。另外还可以把紫砂壶放置在通风处，让其自然风干，从而不易产生异味。

用上述方法处理的紫砂壶，必然会焕发出紫砂本身的光泽，从而收到良好的养壶效果。

紫砂壶的养壶原则

许多初涉紫砂壶的人，看到那些资深玩家的紫砂藏品，往往疑惑不解：为什么同样是紫砂壶，他们的壶是通体光泽、温润敦厚，而自己手里的茶壶却是干枯晦暗、灰头土脸？莫非是买到了假货或者次品？其实，这多半是因为这些初学者不懂得养壶造成的。

养壶讲究方法，一般来说，紫砂壶的养护有以下 8 点最基本的原则：

泥绘壶

规格：250cc

材质：紫泥

八面玲珑葡萄桩壶

规格：450cc

材质：紫砂泥

（1）使用前后，要把紫砂壶清理干净。无论是新壶还是旧壶，都要保持壶身内外的清洁卫生。

（2）泡茶时不要把紫砂壶浸入水中。有些壶友在泡茶时，喜欢把沸水倒入茶船内，以达到保温的效果，然而这对养壶非常不利，会在壶身留下不均匀的色泽。

（3）不要让紫砂壶沾到油污。紫砂壶由于本身的特殊结构很容易吸收油污并留下痕迹，若是不小心沾到油污，应立即清洗，不然会让壶体变得难看，而且也无法再吸收茶水。若要去除油污，可用手摩挲擦去；如果油污过重，可以用质地细腻的布蘸一点儿洗涤剂轻轻擦拭，然后再用手摩挲，让壶身重现本质美感。

（4）用擦、刷的方式清洗紫砂壶时，力量要适度。擦、刷紫砂壶时，应先用软毛小刷子，将污渍轻轻刷洗后，再用开水冲洗，然后用毛巾轻轻擦拭干即可，千万不能用力推搓。

束柴三友壶组

规格：260cc

材质：段泥、紫泥、红泥

灵芝供春套壶

规格：260cc

材质：段泥、紫泥、红泥

（5）避免用化学洗洁剂清洗紫砂壶。绝对不能用含有化学成分的洗洁剂刷洗紫砂壶，这样不仅会将壶内已吸收的茶味洗掉，甚至会刷掉茶壶外表的光泽，所以应绝对避免。

（6）紫砂壶使用完毕要清理晾干。晾干时应打开壶盖，放在通风易干之处，等到完全阴干后再妥善收存。

（7）避免把紫砂壶放在灰尘多之处。存放茶壶时，避免放在油烟、灰尘过多的地方，以免影响壶面的润泽感。

（8）要让紫砂壶适时地“休息”。频繁地用过一段时间后，要让紫砂壶短暂地“休息”一下，使其土坯能自然彻底干燥，以便之后使用时能更好地吸收茶汁。

四方祥瑞壶

规格：320cc

材质：朱泥

桃情壶

规格：500cc

材质：紫砂泥

硕果累累壶

规格：400cc

材质：紫砂泥

第六章

名家名壶欣赏

友泉葵花壶（曹婉芬）

大彬如意壶（曹婉芬）

如意仿古壶（曹婉芬）

小扁灯壶（曹婉芬）

曼生提梁壶（曹婉芬）

六方提梁壶（韩小虎）

平盖石瓢壶（曹婉芬）

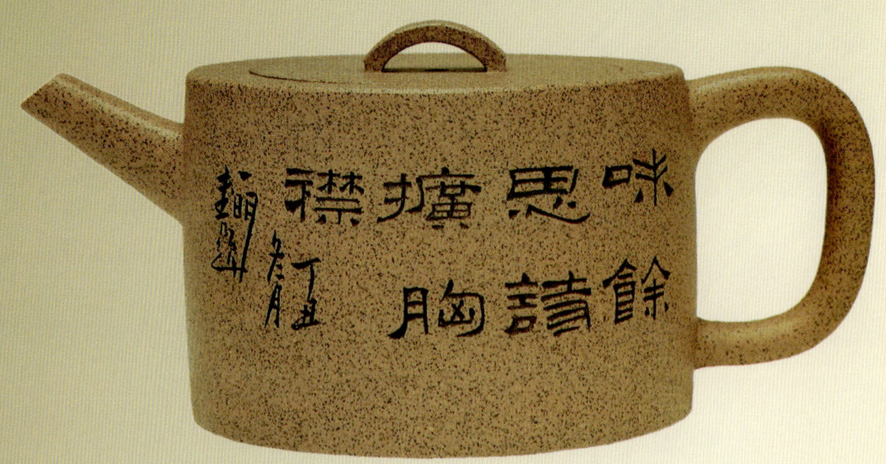

瓦形壶（曹婉芬）

仿古壶（韩小虎）

扁樱壶（韩小虎）

汉君壶（韩小虎）

合欢壶（韩小虎）

四方宝鼎壶（韩小虎）

大口平盖壶（韩小虎）

西施葡萄壶（韩小虎）

菱花壶（韩小虎）

井栏壶（尹仲君）

玉乳壶（韩小虎）

东坡提梁壶（尹仲君）

六棱壶（尹仲君）

大彬如意壶（尹仲君）

平盖莲子壶（尹仲君）

四方如意壶（尹仲君）

扬帆壶（尹仲君）

仿古壶（周奇鸣）

梨形壶（尹仲君）

伏羲壶（周奇鸣）

仿古井栏壶（周奇鸣）

京韵壶（周奇鸣）

八虎竹壶（严志军）

圣狮纳福壶（周奇鸣）

玉玺壶（周奇鸣）

明珠提梁壶（周奇鸣）

掇只壶（严志军）

德福壶（周奇鸣）

明珠软提梁壶（周奇鸣）

永禄壶（周奇鸣）

牛盖鸿运壶（周奇鸣）

牛盖莲子壶（周奇鸣）

仿古如意壶（严志军）

合欢壶（曹婉芬）

四方抽角玉琮壶（曹婉芬）

石瓢祝福壶（严志军）

线圆壶（严志军）

如意神壶（严志军）

第七章

茶宠系列欣赏

福从天降

佛坐像

布袋罗汉

达摩像

壁虎

财源滚滚

供春像

观音

好运莲莲

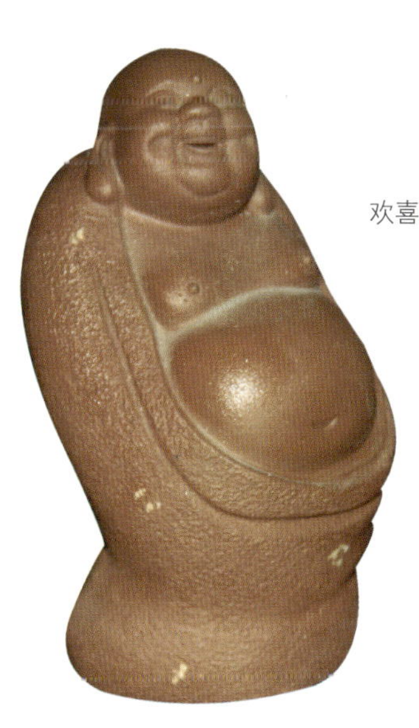

欢喜佛

喷水青蛙

金蟾送宝

龙龟

猛虎下山

陆羽

莲蓬

莲台法座

貔貅

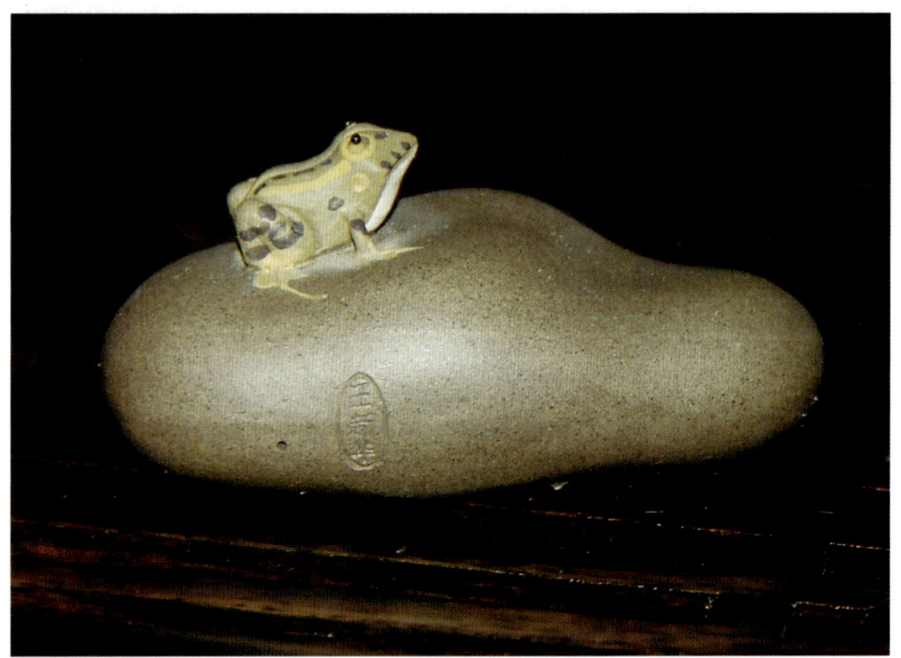

青蛙

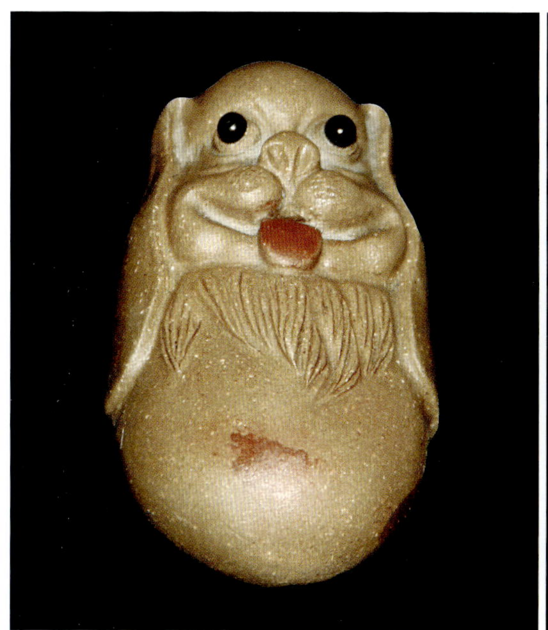

手把件

双色托宝佛

松鼠

童趣

树根

树桩

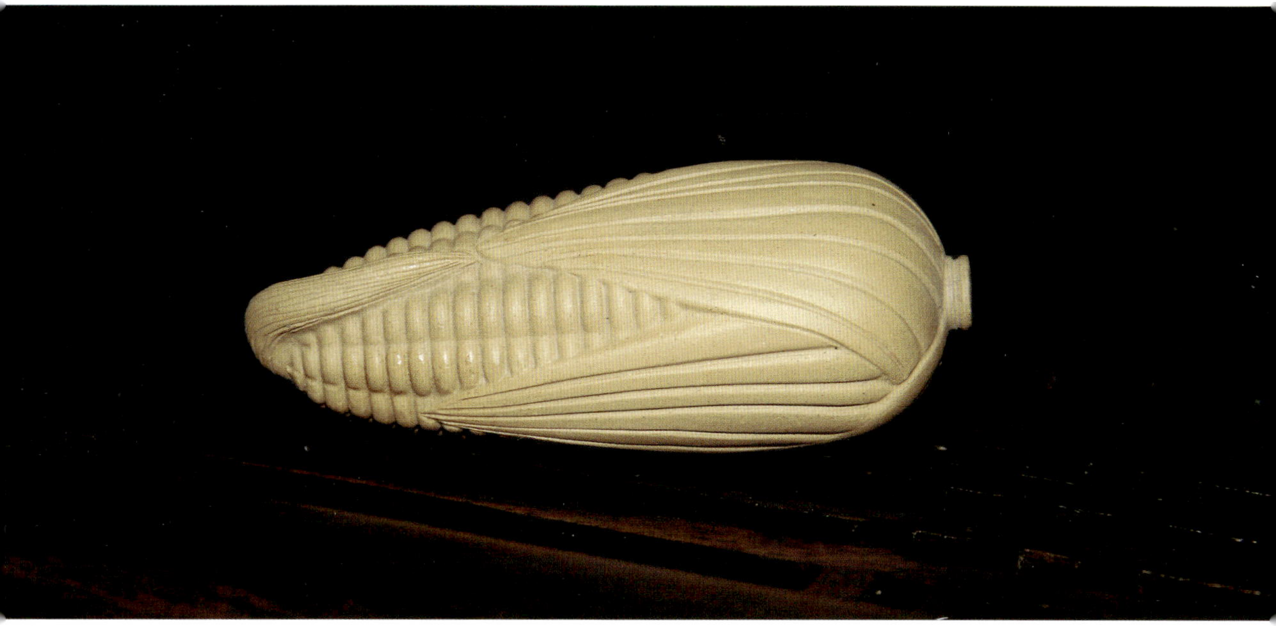

玉米

知足常乐

紫砂笔筒

引福归堂

玉兔

后记

中国是四大文明古国之一，是礼仪之邦，因此，沏茶、敬茶成为多种场合的待客之道。中国人饮茶，重在“品”茶，在细啜慢饮之中，获得心灵的宁静，获得美的享受。好茶配好壶，上好的香茗自然也需要得体的茶具泡制。宜兴紫砂壶名扬四海，因具备良好的透气性和吸热性，成为上等的泡茶器具，是我国传统陶瓷手工艺品的瑰宝。

我国古代的文人雅士极其重视精神生活的愉悦，在闲暇时，择一处雅静之所，泡一壶好茶，自斟自饮，那是何等的悠闲自在。集实用性与艺术性于一身的紫砂壶自然成了古代文人雅士、达官贵人竞相追捧的对象。有些文人甚至亲自动手制壶，享受制壶的乐趣。今天的我们虽不敢说能如同古人那般洒脱优雅，但是，人们对紫砂壶的喜爱之情却丝毫没有减退。近些年来，紫砂壶的价格不断飙升，越来越多的人加入到了紫砂壶收藏行列。

为了更好地编辑此书，我们翻阅了大量介绍紫砂壶知识的书籍，了解了许多相关的知识。

此外，我们还专门拜访了天津市南开区古玩城的“奇林颐格”紫砂工作室的于潼经理。于先生从事紫砂行业多年，经验丰富，对于紫砂壶的收藏与鉴赏都有着独到的见解。我们在于先生的陪同下，参观了店里许多精美绝伦的紫砂壶艺术品，于先生为我们耐心介绍，使得我们对紫砂壶的认识大大加深。我们还拍摄了很多精美的照片，以便更好地完成编辑工作。

我们还走访了天津古玩城的玉祥云商贸有限公司，见到了人文修养很高的于林香经理。谦虚、热情的于经理非常支持我们的工作，他拿出珍藏的紫砂壶为我们讲解关于紫砂壶的知识，令我们受益匪浅。

正是由于两位业内人士的大力帮助，我们才能如此顺利地完成此书的编辑工作。在此，我们还要感谢所有为本书的编辑提供帮助的朋友。希望此书能切实地为广大紫砂爱好者提供帮助。同时，也期待广大读者与我们交流切磋！

总 策 划

王丙杰　贾振明

责任编辑

周　帆

排版制作

腾飞文化

编 委 会（排序不分先后）

林婧琪　邹岚阳　吕陌涵

夏弦月　默　梵　鲁小娴

潇诺尔　黄依彤　崔畅畅

责任校对

姜菡筱　宣　慧

版式设计

张欣怡

图片提供

于　潼　于林香

天津古玩城奇林颐格紫砂工作室

天津古玩城玉祥云商贸有限公司